私たちはこうしてゼロから挑戦した

在日中国人14人の成功物語

◉趙海成《チャオ・ハイチェン》 著

小林さゆり 訳

凡例

一、在外中国人の定義には、華僑（海外に移住した中国人およびその子孫）、新華僑（華僑のうち、とくに中国で改革開放政策が実施された一九七〇年代末以降、海外に移住した中国人）、華人（移住先の国籍を取得した中国系住民）などがある。本書では原則として、日本に居住するそれらの人々を統合して「在日中国人」とした。

一、本文中の〔 〕は、訳注を示す。

一、本文では、中国人である著者・取材対象の表現を尊重し、「中日」などはそのままの表記とした。

一、本書掲載のデータは、原則として二〇二一年三月時点のものである。

一、とくに断りのない限り、本文中の写真は著者撮影。

目次

まえがき

海を隔ててお隣の国・中国――。日本人にとって思い浮かべるイメージといえば、十四億という世界一の人口大国、アメリカに次ぐ世界第二の経済大国、スマートフォン決済や顔認証システムなどが普及したイノベーション（技術革新）先進国……といったところでしょうか。

一方で、尖閣諸島（中国名・釣魚島）をめぐる日中間の対立や香港・台湾をとりまく問題などを受けて、中国に対してマイナスのイメージを抱く人もいます。二〇二〇年は、中国・武漢で確認された新型コロナウイルス感染症が、世界的に猛威を振るった年でもありました。日中共同の世論調査によればこの年、中国に「良くない」印象を持つ日本人は九割近くに増え、対中イメージが四年ぶりに悪化しました。近年わずかながら改善傾向にありましたが、一転後退したとされます（言論ＮＰＯ、中国国際出版集団の調査結果）。

しかし、だからといって、本当にそのままで良いのでしょうか？　初めに「良くない」印象ありきで、中国に対して知らんぷりや無関心を決め込んではいないでしょうか？

日本にとって中国は最大の貿易相手国であり、中国にとって日本はアメリカに次いで第二の貿易相手国です（外務省、二〇一九年）。コロナ前には、中国から日本に年間一千万人近くもの、国別総数で最多の訪問客があり、日本と中国の経済関係や人の往来は切っても切れないものとなっているのです。

そうであるなら、まずは中国や中国の人々を知ることから始めてみてはどうだろう？　身近に目を転じれば、日本には今、在日外国人ではトップを占める約八十万人もの中国人が住んでいる（法務省二〇一九年十二月統計、台湾を除く）。彼ら、彼女らが日本で何を思い、何に悩み、どのように生きているのか――。

そういった点にフォーカスして、中国人ジャーナリストの趙海成（ちょう・かいせい／チャオ・ハイチェン）さんが在日中国人にインタビューして最初にまとめたのが、前作の『在日中国人33人の それでも私たちが日本を好きな理由』（拙訳、CCCメディアハウス刊、二〇一五年）でした。

インタビュー対象は、画家や大学教授などさまざまな職業や肩書きを持つ在日中国人たち

まえがき

でしたが、同じ著者がさらに一歩踏み込んで「日本で成功した実業家」や「第一線で活躍するプロフェッショナル」たちにスポットを当てたのが、今作の『私たちはこうしてゼロから挑戦した 在日中国人14人の成功物語』です。異国でゼロからスタートし、困難を乗り越えていかに成功を収めたか、その秘訣や方法についてより深く探っています。

新たに登場するのは、「ゴッドハンド」の異名を持つ日本トップレベルの整体療法家、日本人パートナーとペアを組み、国内外のダンス競技大会で数々の栄冠を手にしたプロダンサー、中国製手袋を輸入販売して年商二十億円の女性社長、人気テレビ番組「料理の鉄人」で栄えある「鉄人」に輝いた正統中国料理店のオーナー、劇団四季のメインキャストとして活躍するパミール高原出身の人気俳優、「在日華人一の富豪」として知られる華人企業家、骨伝導技術を活用したコミュニケーション・デバイスメーカーの社長など十四人（うち一人が中国を拠点に活躍）。じつに多彩な職業・ポストの人たちが、さまざまな分野で成功を収めていることに驚く読者もいることでしょう。

インタビューは、おもに中国語誌『日本綜述』（『The Japan Journal』中国語版）での連載に加筆修正されたものですが、「百年に一度の危機」といわれる新型コロナの流行を受け、その影響について趙海成さんが急きょそれぞれに取材した新しい内容も加えています。

そこから見えてくる人物像は、例を挙げるとすれば――「一旗揚げよう」と未知の異国である日本に渡る旺盛なチャレンジ精神、絶好のチャンスをつかみ、斬新なアイデアと幅広いネットワークで事業を展開していくビジネスセンス、逆境に立たされても臨機応変に乗り越えていく柔軟性と粘り強さ――といったところでしょうか。

中には、「走りながら考える」勢いと行動力のある人、「トライ・アンド・エラー」とばかり失敗をものともせずに進む人もいます。どうやら「石橋を叩いて渡る」慎重なタイプの日本人とは異なるようです。コロナ禍の影響で大打撃を受けながらも、新しい事業を開拓しようと奮闘している人もいます。

いずれにしても、中国系移民である華僑・華人たちは古来、世界各地に移り住み、そこに根を張り、活動の場を広げてきました。先行き不透明なこうした時代だからこそ、複眼的な思考を持って、日本に根ざした華僑・華人の多様なサクセスストーリーやビジネスのノウハウ、リアルな日本観を知る意味は大きいのではないかと考えます。「異文化衝突が新しい価値を生む」という考え方がありますが、いわゆる商才(ビジネスセンス)に富んだ中国人と職人気質の日本人がタッグを組めば、新しい「何か」が生まれるかもしれません。実際、本書の中にもそうした事例がいくつか紹介されています。

著者の趙海成さんもまた、改革開放後の中国で日本留学ブームが到来した一九八〇年代に来日し、初の在日中国人向け新聞『留学生新聞』の初代編集長を務めるなど、日中関係のメディアで成功を収めた一人です。この新しいインタビュー集は、著者が長年にわたりコツコツと築き上げたネットワークと、それを構成するメンバーたちとの信頼関係があってこそ生まれたものです。同じ中国人である著者の丹念なインタビューにより、在日中国人たちの赤裸々な告白や本音に迫ることができたのではないかと思います。

前作に引き続き、本作の第一の日本人読者として翻訳を担当させていただいた私は、登場人物十四人の奮闘物語をわくわくしながら紐解くことのできる光栄にあずかりました。折しもコロナ禍を受けて社会全体が苦しい時期ではありましたが、この間の苦悩や挫折を経てもなお目標に向かってがんばる登場人物たちの姿に私自身、勇気づけられる思いでした。

再び翻訳を任せてくださった趙海成さん、そして本書に登場する皆さんには翻訳作業の上で大変お世話になり、最後まで励ましていただきました。またアルファベータブックスの春日俊一社長には、本書がより多くの読者に届くようにと終始ご尽力いただきました。この場を借りて、深く感謝申し上げます。

その昔、「日本人は職人的気質、中国人は商人的性格」と言ったのは、作家で実業家の邱永漢さんでした（『中国人と日本人』）。一方、「中国人イコール商才の民。——この図式がいかに大きな誤解であるか」と書いたのは、作家の陳舜臣さんでした（『日本人と中国人』）。

さて、本書に登場する人たちは、どちらでしょうか？

在日中国人のライフストーリーや成功譚から、日本人と中国人について、またその共生について考えてみることも意義深いかもしれません。

本書を、コロナ禍を乗り越えようとする全ての皆様に届けたいと思います。

そして、新型コロナウイルスの一日も早い終息を心よりお祈り申し上げます。

二〇二一年三月　東京にて

小林さゆり

第1章

異郷で名を上げる

あなたを幸せにしたい、それが私たちの仕事
――最先端デバイス「骨伝導イヤホン」の〝スーパープロモーター〟

1

謝端明

（しゃ・はたあき）

骨伝導技術を活用した
コミュニケーション・デバイスメーカー
「BoCo株式会社」代表取締役社長

1962年、インドネシアに生まれ、中国山東省煙台市で育つ。両親はインドネシア華僑。1987年に来日し、早稲田大学大学院で修士号（経営工学）を取得する。コニカ、アンダーセン・コンサルティングなどの企業で経営コンサルタントとして勤めたのち、骨伝導専門メーカーの中谷任徳氏との出会いから、2015年「BoCo株式会社」を設立。耳をふさがず、骨を通じて音を届ける「骨伝導技術」による製品を開発・生産・販売することで、世の中にまったく新しいリスニング・スタイルを提案している。同社は「内閣府オープンイノベーションチャレンジ2017」認定企業など受賞歴多数。

二〇一九年六月、中国・上海の新国際博覧センターで開かれた第五回アジア家電展には、最先端を行くイノベーション製品が続々と登場した。中でも、earsopen®〔ＥＯ、イヤーズオープン〕ブランドの骨伝導Bluetooth〔ブルートゥース＝近距離無線通信の規格の一つ〕イヤホンや骨伝導Bluetoothスピーカーがとくに注目を集めた。その特徴は、耳の鼓膜を通してではなく、骨を振動させることによって音を伝える最先端テクノロジーにある。骨伝導イヤホンは、耳をふさぐことなく「人」と「音」をより良い関係に導くだけでなく、人々によりオープンで、快適で、安全なリスニングの楽しさをもたらしてくれる。また、鼓膜を保護して、その負担を軽くするほか、難聴者の聴覚をサポートするという点でも、神秘的なまでの効果を上げている。

　こうした多彩な機能を持つＥＯシリーズのイヤホンは、二〇一七年に市場に参入するとすぐに目をみはる成果を収めた。日本のクラウドファンディングサイトの一つ「ＧＲＥＥＮ ＦＵＮＤＩＮＧ」〔グリーンファンディング〕では、このイヤホンを応援したいと思った日本全国の七千六百人から総額一億円以上の資金を調達。その年の国内製品におけるクラウドファンディングで新記録を打ち立てた。さらにそれから二年もしないうちに、全国に直営店・取扱販売店など二千店舗余りのネットワークを持つ、完成された商品販売システムを構築したのだ。同シリーズの売上高はすでに数千万ドルに達したという。

この骨伝導という斬新なイノベーション製品は、どうやって生まれたのか？　なぜ、それほどまでにスピーディーに産業化を成し遂げたのか？　以下は、その答えとなる真実のライフストーリーだ。

特別な子ども時代を過ごして

謝端明は一九六二年にインドネシアで生まれ、中国山東省煙台市で育った。両親はインドネシア華僑である。幼少期はスハルト政権の時代だった。この独裁体制による冷血な大統領は、権力を握るとすぐに「反共産主義」を掲げ、大規模な「反中国」の波を起こした。それにより多くのインドネシア華僑・華人が殺害され、彼らの財産が略奪された。多くの華僑らが他国に逃れていったが、まだ幼かった謝端明もその一員だった。当時をこう振り返る。

「一九六七年、私が五歳のとき、スハルトは大統領代行に、六八年には第二代大統領に就任しました。軍事クーデター（未遂）を起こしたからです（一九六五年九月三十日の「九・三〇事件」。事件の詳細は不明で諸説ある〕。当時、両親は私を外へ出ないように、家に閉じ込めていたことを覚えています。カーテンのすき間から外をのぞくと、戦車と兵隊が通り過ぎていきました。姉たちの話によると、通っていた中国語学校は政府軍の戦車で轢き潰されてガレキと化し、インドネシアのあらゆる中国系の幼稚園から小中高校、さらには大学まで、すべてが閉鎖されたということでした。一番上の姉さん、二番目の姉さんはやむなく中国南部の海南島へと渡りました。その土地の華僑農場に配属されたのです。続いて、母は私とほかの兄弟姉妹を連れて中国にたどり着き、父だけがインドネシアに残りました。三番目の姉さんの話では、私たちは中国に着いてから、天津と煙台の二つの定住地からどちらかを選ぶように言われたそうです。それで姉さんはおいしいくだものが食べられると聞いて、煙台を選んだのでした〔煙台は梨やリンゴの名産地〕」

六〇年代後半の中国は、文化大革命〔文革〕が激しさを増した時代だった。社会は無秩序で混乱し、生活物資は乏しかった。中国に着いてまもない一家には親戚も縁故もなく、生きていくことの大変さは推して知るべしだった。謝端明は小学校に上がるとすぐに、人の世の厳しさを体験することになった。

「小学生のころは成績がよく、担任の先生が目をかけてくれました。でも、悲しいことに

『紅小兵』（文革時期、毛沢東や共産党に従った児童組織とそのメンバー）にはなれなかった。のちに紅小兵が『中国少年先鋒隊』に変わってからも、私は隊員になれなかった。外国との関係があったからです。放課後、ほかの生徒たちが少年先鋒隊の活動に参加するのに、私だけがグラウンドに座って泣いていました。『どうしてぼくだけ少年先鋒隊に入れないの？　チャンスを見つけて、ぼくも何かしなければ！』と悔しくてならなかった。覚えているのは、学校が〝地主打倒大会〟（地主は、労働者階級の敵の一つとみなされた）に生徒を参加させたとき、人前で地主の顔にツバをはいたこと。それは私の少年時代の一番ひどい行為で、今でも後悔しています」

「出身が運命を決める」そのゆがんだ時代に、どれだけ多くの罪のない子どもたちが、出身問題で深いキズを負ったかわからない。一九七六年、文革の終了が宣言されると、この問題もしだいに是正されていった。こうして文革後に大学入試が再開されると、晴れて受験資格を得た彼は七九年に大学を受け、自動制御システムを専攻する大学生になった。四年後に大学を卒業すると、浙江省杭州にあった軽工業部（当時の省庁の一つ）の研究所に配属された。名目上は機器制御システムの研究をする部署だったが、実際には国家行為として外国産の先進機器をコピーしていた。例えば、軽工業部から研究所にこのような指令が下る。「〇〇食品工場が外国の生産ラインを導入した。すぐに担当者を派遣して、部品を解体し、サイズを測り、設計図を作成して、模倣せよ」。今からすれば、それは明らかに知的財産権の侵害なのだが、当時の中国では問題視されなかったのだ。この〝ニセモノ研究所〟での仕事に、彼は四年間携わった。

その間、一九八五年にイタリアへ研修に行くチャンスに恵まれた。謝によれば「悪の資本主義社会」に足を踏み入れる初めての体験だった。宿泊したホテルは、ふかふかのベッドと柔らかなカーペットがあり、朝食もたっぷりと取ることができて、じつに居心地が良かった。ホテルのスタッフも彼に親切にしてくれた。社員食堂のランチは種類も豊富で、彼らはプレートを手にして好きなものを何でも取っていた……。今ではごく当たり前のことなのだが、当時中国から渡った彼にすれば、それは「神々の日々」のようであった。そのときから「いつかは〝悪の資本主義〟の国で勉強して働きたい！」というあこがれを抱いたのである。

イタリアから帰国後、アメリカ留学を目指して英語資格テスト「ＴＯＥＦＬ®」（トーフル）を三回受けた。結果は、いずれもわずかの差で不合格だった（当時は、経済的な理由でアメリカに私費留学できる人は多くなかった。公費留学を除けば、トーフルの成績優秀者だけがアメリカの大学教授を通じた奨学金申請のチャンスがあった）。彼が落胆していたころのこと、現在の妻に出会い、恋に落ちた。彼女は当時、日本の大学で経営学を専攻する留学生で、アメリカに行けないなら日本に来たらと彼に勧めた。謝にしてみれば、日本は不慣れだし言葉もチンプンカンプンだったが、アメリカと同じ先進工業国であり、「悪の資本主義」の範疇に入ることを知っていた。そこで彼女の提案を受け入れることにした。

早大の名師のもとで人生を変える

こうして謝端明は一九八七年に来日し、日本語学校で一年余り学んだ後、大阪大学大学院で電気工学を専攻する院生となった。有名な国立大学の大学院に進んだものの、満足はしていなかった。まず、自分の専門である電気工学への情熱を失ったこと。次に、標準的な日本語を学ぶだけでなく、興味のある「生産管理」や「工業経営」に専攻を変えたいと思ったことがそのおもな理由だ。私立の名門である東京の早稲田大学は、もっとも学びたい大学だった。一九三五年に日本の大学で初めて「工業経営学科」が開設されたところだからだ。

謝は一九八九年春、大阪大学大学院を中退し、早稲田大の大学院（修士課程）を受験。念願かなって、生産管理学のスペシャリスト、中根甚一郎《なかねじんいちろう》教授〔当時〕の学生になった。中根教授は若いころ、富士電機に勤めたことがあり、経営管理に長けていた。日本にはMRP（Material Requirements Planning System）と呼ばれる生産管理システムがあり、それは中根教授がアメリカから日本に導入したものである。一九六九年、中根氏は日本自動車代表団の団長としてアメリカに渡り、大手自動車メーカー「ゼネラルモーターズ」の工場を半年余り視察した。世界一の自動車メーカーと称されたゼネラルモーターズは当時、日本の代表団など眼中になく、重要なものは何も盗まれないだろうと彼らを自由に視察させた。だが、その日本人たちを見下していたことは、アメリカの大誤算だった。代表団が帰国してわずか数年のちには、日本の自動車がグローバル市場に登場し、アメリカを凌駕することになった。そして七〇年代半ばになると日本車はアメリカ市場に大量に参入しはじめ、アメリカの自動車産業はしだいに衰退していったのだ。七〇年代末、ゼネラルモーターズはかつて日本代表団の団長として渡米した中根氏を仲介役として、トヨタ自動車に視察団を派遣した。そのとき、日本人はかつての訪問先のアメリカ人のように「寛大」ではなかったが、アメリカからの先輩たちをうやうやしく迎え入れた。それでも視察団が欲しいものは、何も手に入れられなかったという。

早大大学院に在籍した二年間に、謝は中根教授から多くの知識とかけがえのない経験を学んだ。それは、のちのキャリアの発展に、大きな役割を果たすことになった。自らの進路についての悩みから抜け出し、本当の〝人生の第一歩〟が踏み出せたのは、中根教授に出会えたからだと、彼は心から感謝している。

一九九一年、早大大学院で修士号を取得したのち、コニカ〔当時〕の生産技術研究部門に入り、新工場の生産ラインの設計、改善、生産管理を担当した。四年後、世界最大の経営コンサルティング会社であるアンダーセン・コンサルティング〔現・アクセンチュア〕に転職。そこで五年間、経営コンサルタントとして勤めた後、自分のビジネスを始めたいと考えるようになった。ふと、日本と中国の間にネットとリアルを融合させたプラットフォームを構築し、企業間をつなげたいとひらめいたのだ。そしてさっそく会社を設立。三カ月も経たないうちに、孫正義氏率いるソフトバンクの投資チームが率先してやってきた。十億円の資本参加をしたいと持ちかけてきたのだが、まだ若くて意気盛んだった彼は、その「棚からぼたもち」式の申し出をきっぱりと断った。またしても誰かの「雇われ労働者」になるのではないか、と懸念したからだ。結局、事業を始めるために六千万円余りを自ら調達した。しかし、資金を使い果たすのにそれほど時間はかからなかった。カネはなくなり、事業も挫折し、やはりソフトバンクの判断は正しかったのだと、彼はようやく目を覚ました。

それは、彼のビジネスキャリアにおける手痛い教訓として刻まれている。その後、大阪にあるコンサルティング会社にスカウトされて再び経営コンサルタントとなり、十年間、製造業の経営コンサルタント（おもにサプライチェーン・マネジメント、SCM）を担当した。

目からウロコの「骨伝導」

「大阪で仕事をしていたとき、『大阪の骨伝導の会社にコンサルティングのためによく行くよ』と東京の友人から聞きました。〝骨伝導〟なんて、このとき初めて耳にしました。友人に説明してもらい、すごいなぁと感心しましたよ。その後、友人（のちの共同創業者）の紹介を通じて、その骨伝導専門メーカー（ゴールデンダンス株式会社）の中谷任徳《なかたにひでのり》先生（夫人が同社社長）に会いに行きました。彼が私のひたいに骨伝導センサーをつけてくれたのですが、それだけで音楽が聞こえてきたときは、本当に信じられませんでした。私は感動するとともに、この技術をもっと幅広く応用すべきだと実感したのです」

謝端明は中谷先生と知り合い、しばらく連絡を取り合ううちに、骨伝導技術への理解を徐々に深めた。また中谷夫妻とも互いに信頼しあえる友人となり、のちの相互協力のための良い基盤を築いていった。

骨伝導とは、音を聞く方法の一つ。音が、さまざまな周波数の機械振動に変換されて、人の頭蓋骨を通して直接、聴覚神経に伝わるものだ。従来のイヤホンは、空気を伝って内蔵スピーカーの形で音声を再生するが、骨伝導技術では骨を通してスピーカーやラジオの形で音を再生する。もっとわかりやすく説明すると、例えば、クッキーを食べるとかみ砕く音が聞こえるが、それは歯や頭蓋骨を通して振動が聴覚神経に伝わるからだ。

十八世紀には、難聴に苦しんだ偉大な作曲家・ベートーヴェンが、骨伝導の原理によって、美しい音楽を再び聞くことができたといわれている。彼はピアノに取りつけた指揮棒を歯でかんで、あごの骨から伝わる音楽を聞き取っていた。それは、実際には音声を骨伝導原理で聞く、初期の応用だったといえる。そして、第二次世界大戦まで時代が下ると、骨伝導イヤホンとしての応用が現れる。当時、アメリカの陸軍通信隊は、サプライヤーに通信機器の開発を委託したが、それは戦場の騒音の中でもクリアな音を伝える必要があったからだ。骨伝導技術はこのときから軍事分野に参入していた。こうして一世紀近くの歳月が流れ、日々発展する産業技術によって、骨伝導センサーが大きすぎるという問題も改善された。それとともに骨伝導イヤホンが消費者市場に持ち込まれたのである。

「中谷先生は、骨伝導技術に関する発明特許を三十件以上持っています。それを買い取りたいという尊大な態度の大手家電メーカーもあったそうですが、彼は同意しなかった。私はこの技術をより人のために産業化していきたいという趣旨で、共同創業について丁寧に話しました。まずは、いかに彼の特許と技術を産業化して人のために貢献するか、その方法について話し合いました。中谷先生は研究開発に全精力を注ぐ発明家ですから、産業化にかける時間的余裕があまりなかったようです。そして産業化してから、万が一にも品質に問題が生じたらどう対処すべきかと懸念していました。しかし、私は日本で長年にわたり産業化関連の仕事と研究をしてきました。日本の多くの大手メーカーへの経営コンサルティングやサプライチェーン・マネジメントの仕事をしてきたので、日本のメーカーについてもよく理解しています。私が中谷先生と手を結んだら、先生に特許と技術を提供してもらい、私が資金調達と運営を行う。まさにぴったり、相互補完とウィンウィンが実現するのです。こうして、私たちは共同で会社を設立することにたどり着きました。私の熱意と誠意で心を動かされたのでしょう、先生は私の提案を受け入れてくれました。こうして私たちの会社、骨伝導技術を活用したコミュニケーション・デバイスメーカーであるＢｏＣｏ株式会社を二〇一五年十月、正式に設立しました」

幸いなことに、謝の資金調達は初めから順調だった。まず、中国の友人たち数人が個人名義で約七千万円を、続いて中国の上場企業である無錫和晶科技股份有限公司が二億円をそれぞれ投資してくれた。同社の陳柏林董事長〔代表取締役〕は、広東省深圳で初めて謝に会ったとき、わずか二十分足らず話しただけでこの決定を下したという。この二億円と、友人たちからの七千万円で、謝はついに大手を振って仕事を始めることができたのである。

クラウドファンディングと出展で有名に

資金が集まると、謝はただちに製品開発や骨伝導デバイスの量産に必要な専用設備の研究開発、大量生産に資金を投じた。ＢｏＣｏの骨伝導センサーの製造工場は、東京でもっとも中小企業が集まる「まち工場」のまち、大田区にある。

彼は同時に、二〇一七年一月に東京で開催の「ウェアラブルＥＸＰＯ」と、同年十月を目途に日本の「クラウドファンディング」に参加する準備を大々的にスタートした。というのも、この二つのプロジェクトへの参加は、設立まもないＢｏＣｏにとって知名度をグンと上げ、資金を調達する絶好かつ重要な機会であることがわかっていたからだ。その後、この二つのプロジェクトの成功により、ＢｏＣｏはブランディングの第一歩を踏み出したのである。

その一つ目のプロジェクト「ウェアラブルＥＸＰＯ」は、東京・有明の東京ビッグサイトで毎年開催されている世界最大級のウェアラブルデバイス展だ。スマートウォッチやウェアラブルカメラなど、先進国のメーカーによる多彩なウェアラブル端末や、最新のデジタルデバイスなどがおもに出展されている。ＢｏＣｏは創業まもないスタートアップ企業であったばかりか、初めての出展だったので、この〝格式高い大ホール〟への出展許可を得るのはたやすいことではなかった。ＢｏＣｏのブー

東京の「ウェアラブルEXPO2019」で日本のテレビ局の取材を受ける謝端明（写真提供：謝端明）

スは運営サイドによりかなり離れたところに配置されたが、謝たちにとって不満はなかった。実際、それはＢｏＣｏ商品が放つ燦然とした輝きを妨げるものではなかった。三日間の会期中は連日、各国からの来場者がひっきりなしに訪れ、骨伝導イヤホンを一度聞いてみたいと長蛇の列をつくった。ＢｏＣｏの十人のスタッフもてんてこ舞いの忙しさだった。その三日間に骨伝導イヤホンを試聴したのは千六百人。日本の主流メディアも、彼らのブースを最優先で紹介した。以来、ＢｏＣｏの勢いはとどまるところを知らず、毎年「ウェアラブルＥＸＰＯ」の主要な出展者となっている。さらに二〇一八年以降は、同展で最大かつメインのスペースを独占できるようになるという好待遇を受けている。

二つ目のプロジェクト、いわゆる「クラウドファンディング」は、プロジェクト起案者、支援者、そしてプラットフォームで構成される。クラウドファンディングにはいくつかのタ

「ウェアラブルEXPO2020」で自社ブースが注目の的に
（2020年2月、写真提供：謝端明）

イプがあるが、例えば、会社の商品がまだ市場に出回る前に、クラウドファンディングのプラットフォーム（サイト）を通じて支援者を募り、先払いという条件で、商品を安く提供することができる。その資金は、プラットフォームの利用料を差し引いた額がプロジェクト起案者の口座に入り、起案者はそれを商品開発や生産に利用することができるというわけだ。

日本のクラウドファンディングサイト「ＧＲＥＥＮ ＦＵＮＤＩＮＧ」で、ＢｏＣｏがリリースした製品は、一般の人向けの骨伝導Bluetoothイヤホンと、聞こえに不安のある人向けの骨伝導イヤホンだった。謝が驚いたのは、クラウドファンディング初日の支援金が千二百万円に達したことだ。それから連日、支援金はうなぎのぼりに上昇。前年の国内製品におけるクラウドファンディング最高額は、某ＶＲ（バーチャル・リアリティー）企業の五千万円で、謝はその記録を打ち破りたいと思いはじめた。そしてまったくの予想外だったのだが、結局一億百五十万円もの大金を調達し、その年のトップとなる栄冠に輝いたばかりか、国内クラウドファンディングの史上最高額を記録した。それは金額の問題だけではなかった。日本メディアがこのニュースをこぞって報道したため、ＢｏＣｏ社と製品のマーケティングにとって間違いなく最高の宣伝チャンスになったのだ。

クラウドファンディングの結果と展示会の雰囲気からもわかるように、骨伝導イヤホンは多くの人々、とりわけ音楽好きな若者にとって喉から手が出るほど魅力的な、まさにテッパンもの〔絶対的なニーズ、値段の影響を受けにくい需要〕になるに違いなかった。従来のイヤホンよりもはるかに多彩な可能性を備えているからだ。音楽を聞きながらおしゃべりしたり、耳を保護することで聴力低下を防いだり、さらには音楽の臨場感がいっそう高まる。BoCoのR&Dチームの専門技術者によると、骨伝導イヤホンで聞く音楽、とくにバイオリンのような弦楽は、従来の空気伝導イヤホンで聞く音楽よりもハイクオリティーで豊かな音色だという。

こうして二つのプロジェクトの成功により、謝がホッと胸をなでおろしたのは言うまでもない。さらに、この骨伝導技術を活用した事業は「努力を重ねて前進すれば、人々の期待に応えて、より大きな成功が収められる」という自信と勇気を彼に与えたのである。

静寂の世界から音が聞こえた感動

BoCoの「音楽用骨伝導イヤホン」は好評を博しているが、では、聞こえを重視した

「会話用骨伝導イヤホン」は、聞こえに不安のある人に受け入れられているだろうか？　謝は例をあげながら、明快に答えてくれた。

「まず、〝聞こえに不安がある〟といっても、その状況や状態はさまざまであることを知っておく必要があります。先天性、後天性、病気や事故、加齢などによるものです。また、聞こえにくさにもさまざまなタイプがあり、少し聞こえる、あるいはまったく聞こえない、片方の耳が不自由、両方の耳が不自由……などです。私たちは会話用骨伝導イヤホンを使って国内外のさまざまな聞こえに不安のある人数百人を対象に、試聴会を行いました。しばしば、彼らが静寂の世界から音のある世界に入った瞬間を目の当たりにし、私たちは感動しました。それは一つひとつに心打たれる、忘れられないシーンでした。

あるとき、音楽の仕事に携わる二十代の若者が、わが社を訪ねてきました。彼女は片方の耳しか聞こえませんでした。そこで骨伝導イヤホンで音楽を聞いてもらうと、彼女は無言でうっとりと聞いていました。聞こえましたかと何度聞いても返事がないので、どうしたのかわかりませんでした。しばらくして彼女はようやくイヤホンを外し、こう言いました。『すみません。さっき尋ねられたことは聞こえていました。あなた方は、私が感動していないと思われたかもしれません。でも、じつは感動のあまり話ができなかったんです。もう何年もステレオで音楽を聞いていなかったので、聞いたらやめられなくなったんです』

長年の友人である七十代後半の男性もいます。かつて日本最大の広告会社の本部長だった人です。生まれつき右耳が聞こえず、加齢とともに左耳も難聴になりはじめ、彼は両耳が聞こえなければ生きている意味はあるのか、死んだ方がましだとさえ思ったそうです。そこでわが社に招待し、イヤホンをつけてもらった。しばらく聞くうちに、なんと立ち上がって踊りはじめたのです。聞けば、彼は『うれしいんだよ！　左耳だけでなく、七十八年間聞こえなかった右耳が初めて聞こえたんだから』と喜んで言いました。

日本以外でのケースも二つ挙げましょう。アメリカで当時十七歳の女の子に会いました。生まれつき左耳が聞こえませんでしたが、骨伝導イヤホンをつけると、その場で号泣したのです。生まれて初めて左耳が聞こえたのですから。彼女のように片方の鼓膜を損傷し、もう片方の耳がよく聞こえる人は、私たちの骨伝導イヤホンで補聴すると成功率はほぼ一〇〇％になります。

中国・浙江省の安吉県政府の会議室でも試聴会を開きました。その日、当時四十五歳の中年男性が参加したのですが、驚きました。私の話がまったく聞こえなかったのです。生まれつき両耳が不自由だと、手話で教えてくれました。つまり、音のない世界で四十五年間過ごしてきたのです。骨伝導イヤホンをつけて音楽を試聴してもらったところ、右耳は無反応でしたが左耳は聞こえたようで、その瞬間、彼は腰かけから飛び跳ねました。突然音が聞こえたので、驚いたのでしょう。何か聞こえたか？　と尋ねると、高音と低音が聞こえたと手話で教えてくれました。その場にいた人たち全員が拍手喝采で、本当に胸を打たれた。私自身、涙がこぼれました。四十五年間ですよ。ずっと静寂の世界にいたのが、私たちのイヤホンで音のある世界に住めるようになったのです」

前述は謝による実話だが、続いて筆者もあるケースを追加したい。彼は聴覚障害のある若くて有望な画家で、長年にわたり筆者の良き友人だ。謝端明が出張で北京に来たとき、この友人を上海から北京に招いた。そして筆者は謝とともに、彼にイヤホンの試聴実験をしてもらった。イヤホンをつけたとき少し緊張していたようだが、実験は成功した。あまり感激したようすではなかったが、彼は音が聞こえたという。別れ際に、「試してみて」と謝はイヤホンを贈った。しばらくして、友人は骨伝導イヤホンを使った感想を中国のSNS「微信《ウィーチャット》」で送ってくれた。全文は、次の通りだ。

「三歳のとき、注射薬によるアレルギーで耳が聞こえなくなりました。以来、三十年余り。だんだん音のない世界に慣れましたが、内心では外の世界の音を聞きたかった。しかも音のない小世界は、音のある大世界と接するときに不便なことがありました。二〇一八年に、北京の友人や日本から来た専門家の協力により、日本で開発された新製品『ｂｏｃｏ会話用骨伝導イヤホン』をつけました。それまでいくつかの補聴器を試しましたが、どれも効果的ではなかった。でも、その骨伝導イヤホンをつけたとたん、心臓がバクバクし、手に汗を握りました。ついに音が聞こえたのです！　友人が私の名前を呼んでいるのが聞こえました。上海に戻り、そのイヤホンをつけて通りを歩くと、行き交う車の騒音が聞こえ、雨の日には激しくとどろく雷鳴にびっくりし、だんだん細かい雨音も聞き分けられるようになりました。そして子どものころの記憶もよみがえってきました。音のある大世界が、再びそのドアを開けたのです。こんなにもうるさかったのか、とようやくわかりましたが、それでもとてもうれしかった。すべての世界が立体的で豊かになり、私の心は幸せと喜びでいっぱいになりました」

静寂の世界で三十年余りを過ごし、再び音のある世界に戻ってきた人にとって、これは率直な本当の気持ちだろう。彼はついに音を聞くことができた。これからは、いかに音楽を鑑賞し、ほかの人の話を理解し、自分でも声に出して人と話すか、マスターしなければならないことは多い。それも長くてつらいトレーニングになるだろう。友人である彼をはじめ、すべての聞こえに不安のある人たちが、骨伝導イヤホンを通じて幸せな新生活を迎えられるよう心から願うばかりだ。

職人気質とスピード感で最強に

日本人の「匠人《しょうじん》精神」（匠の精神、職人気質、ものづくり精神）は近年、中国で高く評価されている。デバイスメーカーとして新製品開発の最前線に立ち、何十人もの日本人スタッフを雇用している謝端明は、日本人の職人気質をどのように理解し、評価しているか？ 以下は、謝の見解だ。

「私たちの工場では、骨伝導イヤホンの最重要部品であるセンサー（チップ）をおもに製造しています。工場長の中島さんは、もともと富士通の部長でした。数日前に工場へ行き、点検作業をしたところ、彼がこう言いました。『ふと気づいたんですが、今製造しているセンサーは、ある状況では音が少し変わります』と。じつは私も知っていましたが、ほとんどの人には聞き取れず、とくに耳が良い人か、音楽のリズムに精通している人にしかわからない微妙なレベルです。どうすべきか聞くと、彼はスタッフとおびただしい数の分析を行い、何らかの原因で変音したと考えられると言いました。しかも、すでにその部品のメーカーに連絡していて、部品の一部を少しだけ改良してほしいと頼んでいたのです。数日後、改良された部品のサンプルが送られてきて、三日後には『テスト結果は良好です。私の分析と仮説は正しかった』という報告がありました。これが日本人の職人気質です。常識からいって、製造を受け持つ彼は、生産ノルマを達成すればOKなのですが、そこで終わりにしなかった。しかもハイエンドな品質上の問題で、ごくわずかな欠陥を発見し、進んで解決策を見つけて成功にこぎつける。このように細心の注意を払って、少しも手を抜かないアプローチは、まさに職人気質の現れだといえるでしょう」

「別の例を挙げましょう。イヤホンに使われるワイヤーは日本で生産されなくなったため、中国で探す必要がありました。中国で良い線材メーカーを見つけましたが、あいにく望んだタイプは在庫がありませんでした。日本人の慣習では、たとえ数カ月遅れても必要なワイヤーを手に入れようと固執します。しかし、私は〝二本の足で歩く〟という方針を取るべきだと思う。中国のメーカーと相談し、『今の在庫に、欲しいタイプに近いワイヤーがあるか、探してほしい。事態が差し迫っているので、まずはそれを先に使いたい』と頼みました。あわせて、希望タイプのワイヤーの生産も依頼しました。製品ができしだい、それに切り替えるのです。というのも在庫のワイヤーを見たところ、機能的には完璧で、見た目もかなり良かったからです。私たちが最初にデザインし、想定していたものには少し足りなかったというだけです。しかし、職人気質の日本人にはそうした考え方はなく、一度決めたらそれを最後まで貫かなければならない。日本人のガンコな職人気質と、中国人のしなやかな臨機応変さを組み合わせれば、それはもう完璧だ！　と思うことがよくあります」

“Your Happiness is Our Business”

“Your Happiness is Our Business”——これは、謝端明がＢｏＣｏを設立するときに掲げた経営理念だ。翻訳すれば、「あなたを幸せにするのが、私たちの仕事です」。今や、謝の会社が作り出した最新テクノロジーの骨伝導シリーズ製品は、多くの音楽ファンと聞こえに不安のある人に福音を送っている。ＢｏＣｏチームのリーダーとして、彼は成果を上げてもうぬぼれたり、立ち止まったりせず、より高く、より遠い目標に向かって進んでいる。

「私たちが設計する骨伝導イヤホンは、従来のイヤホンとはコンセプトがまったく異なります。体の不自由な人たちに、その弱点を補うためのアイテムとして提供するのではありません。聞こえに不安のある人は、私たちのイヤホンを使って、一般の人たちのように美しい音楽を聞くことができ、やりたいことができます。また、目の不自由な人は通常、耳が利くとされますが、なぜ骨伝導イヤホンを使うのか？　ちょっと想像してみてください。聴力が弱い人は、人に大声で話してもらえばイヤホンがなくても相手の声を聞くことができるかもしれない。でも、目の不自由な人の場合、骨伝導イヤホンはもっと必要なもの〔絶対的ニーズ〕になります。なぜならその人は目が不自由なので、〝聞く〟ことだけが生活を支えるからです。日本を例にとると、目の不自由な人が通りを歩くとき、視覚障害者向け音声ナビゲーションシステムの音声ガイドを手がかりとする必要があります。条件としては、周囲の音を聞き取るとともに、別の手段で音声ガイドを聞き取らなければなりません。このときこそ、骨伝導イヤホンの出番であり、それ以外にないのです」

謝端明が述べたように、骨伝導技術には、広大な応用範囲と無限の将来性がある。そのためBoCoの次なる計画は、一つは、個人用の骨伝導シリーズの製品ラインをさらに拡大・バージョンアップし、その生産力を引き続き上げていくこと。もう一つは、業務用の骨伝導関連製品の開発・製造を進めていくこと。それは消防士、工場の作業員、建設などの工事現場の作業員、警察官などといった職種の人が、騒々しい環境のもとで耳を守りながらスムーズに応答したり、通信したりすることができる専用機器だ。例えば、警察官がバイクに乗って指令室と通信しつつ容疑者を追跡するとき、骨伝導イヤホンはもっとも役立つ通信機器になる。というのも、ＢｏＣｏの骨伝導イヤホンはマイクではなく骨の振動による応答信号を使うので、周囲のノイズを拾わず、音声のみを送信することができるからだ。さらに双方の会話をテキストに変換して記録することもできる。例えば、骨伝導の関連デバイスを帽子に埋め込み、この帽子をかぶれば音声メッセージを受信できたり、設置されたサウンドチャンネルを使って音楽を聞いたりすることもできる。外見は帽子でも、その中にはミステリアスなテクノロジーが隠されている。そんな帽子をデザインすることも可能なのだ。

骨伝導技術は、医療分野でもかなりの部分で応用できる。例えば、骨密度の測定だ。スピーカー機能の骨伝導センサーとピックアップ機能の骨伝導センサーを使って、片方から振動を発信し、もう片方から振動を受信する。その受信データの解析により、骨密度を測定することができるという。医療における骨伝導センサーの新技術の応用は、「あなたを幸せに」し、人のために貢献するＢｏＣｏの今後の事業において、重要な課題の一つとなっている。

ＢｏＣｏは二〇一九年四月より、日本の大手電気機器メーカー、京セラ株式会社（創業者・稲盛和夫氏）と提携し、前述の業務用製品をベースに、六つのバイタルデータ（生体情報）によるセンシング（センサー等を利用し、さまざまな情報を計測・数値化する）機能付きデバイスの共同開発をスタートした。収集する六つのバイタルデータとは、①血中酸素飽和度（SpO_2）②リラックス度　③灌流指標（PI）④体温　⑤呼吸数　⑥脈拍数――の情報だ。そのデータはクラウドにアップロードして、遠隔地からリアルタイムで監視できる「リモートモニタリング」を実

ヨドバシカメラ秋葉原店で。bocoブランドの各種商品の売り場（2020年8月、写真提供：謝端明）

BoCo株式会社の上海現地法人「BoCo China」のオフィス（2020年1月、写真提供：謝端明）

現する。二〇二〇年二月時点で製品の機能開発に成功しており、続いて最終設計・量産のステージに入るとのことだった。

謝端明が骨伝導技術を産業化しようと立ち上がった二〇一五年からこれまで、著者は彼とコンタクトを取り続け、事業の発展につねに関心を寄せてきた。この約五年間に彼とＢｏＣｏチームは、そのデバイスメーカーを小から大へ、弱から強へ、またスピーディーかつ健全に成長させる〝神話〟をつくったと言っても、過言ではないだろう。たった一つの製品がみるみるうちに多様化し、スタッフは数人から数十人になり、つねに資金不足だったのが年商数千万ドル級に発展し、資金調達に奔走していたのに投資家が進んで門をたたくようになり、無名だったのに業界で名を馳せるようになった。とくに日本の製造業がだんだんと衰退している現状にあって、謝端明と彼のチームは奇跡的にこのような輝かしい業績を上げることができたのだ。現代の先端技術産業化のベンチマーク〔模範〕企業と見なされるのは当然だといえるだろう。

ここで、最近の謝端明とＢｏＣｏに関するニュースを、時系列に抜粋して挙げておこう。

●二〇一九年三月、ＢｏＣｏ株式会社は、一般社団法人東京都信用金庫協会・しんきん協議会連合会・東京事業経営者会主催による「平成三十一年優良企業表彰」に選ばれ、特別奨励賞を受賞した。ＢｏＣｏの最新骨伝導技術「超骨導技術」に対して評価された。

●二〇一九年十月、ＢｏＣｏの二つの商品、スポーツ向きの骨伝導イヤホン「earsopen FIT BT-1」と骨伝導スピーカー「docodemo SPEAKER SP-1」が二〇一九年度グッドデザイン賞を受賞した（Good Design Award、GDA）。

●二〇一九年十一月、日本におけるクラウドファンディングの記録は、ＢｏＣｏの世界初「完全ワイヤレス骨伝導イヤホン」によって再び更新され、七千五百五万人を超える支援者から、総額一億六千万円余り（約百五十万米ドル）の資金を調達した。

●二〇二〇年二月、東京ビッグサイトで開催された第六回ウェアラブルＥＸＰＯに出展。ＢｏＣｏの新製品である世界初「完全ワイヤレス骨伝導イヤホン／ＰＥＡＣＥシリーズ」、および京セラと共同開発したバイタルセンシング機能付きのデバイスを発表した。

●二〇二〇年、国土交通省などにより、日本の先端テクノロジー企業の代表として選ばれたBoCoの直営店「boco STORE」が、東京・羽田空港直結の大型複合・商業施設「ショッピングシティ 羽田エアポートガーデン」内にオープンする予定(注・施設全体がコロナ禍により開業延期)。

●二〇二〇年七月、世界初・完全ワイヤレス骨伝導イヤホン/PEACEシリーズが日本全国の大手家電量販店で発売開始となり、話題を呼んだ。

新型コロナによるプラス・マイナスの影響

新型コロナウイルスによる影響は、謝のビジネスにプラス・マイナスの両側面をもたらした。マイナスの影響は、コロナの流行により、部品の一部を生産する中国広東省東莞《とうかん》市の工場が操業停止となり、結果として新製品「完全ワイヤレス骨伝導イヤホン」の発売が大幅に遅れたことだ。

「つまり、サプライチェーンが一時寸断されてしまいました。部品一つ欠けても新製品は作れません。発売は二〇二〇年三月末を予定していましたが、結局七月三十日まで延期となった。損失はそれだけではありません。中国ではコロナの流行が収まりつつありますが、日本では深刻さを増しています。〔緊急事態宣言で〕複数の家電量販店が長期間臨時休業したために、わが社の骨伝導イヤホンの売り上げも落ちました」

一方、プラスの影響については、次のいくつかが挙げられるという。

「一つ目は、リモートワーク〔テレワーク〕という新しい働き方が現れ、私たちのネット通販商品にも新たな魅力が生まれたことです。リモートワークは実際に顔を合わせませんが、インターネットを通してコミュニケーションを図り、ときにはウェブ会議に参加します。このとき、私たちのイヤホンが役に立ちます。このイヤホンは耳をふさがないので、ウェブ会議中でも宅配業者が鳴らすドアベル、お子さんやご家族の呼び声といった周囲の音が聞こえます。これが私たちの骨伝導イヤホンが、ネット通販で売れている理由です。

二つ目は、コロナの流行が私たちの固定観念を覆したこと。いかなる物事にも相反する二つの面があります。コロナの影響で、東莞工場のサプライチェーンが一時寸断されましたが、ほかの国・地域で同じ部品を生産するイノベーションも加速しました。例えば、同じ部品の製造を、東莞工場だけでなく韓国の工場にも委託するなど。そうすれば一カ所への依存を避けて、サプライチェーンが断絶するリスクを回避することができるでしょう。次に固定観念を変えたのは、わが社でもリモートワークを試したこと。私はスタッフに『顧客との面会がなければ、その日はリモートワークで構わない。何かあればメールで連絡すること』と伝えました。この方法は、私たちの習慣になりつつあります。さらに、オフィスのデスクは共有できるので一人一台はいらない、ラッシュアワーを避けるため通勤時間は限定すべきではないなど。こうしたことも、新型コロナがもたらした新しい考え方です。

三つ目は、自社製品への理解が深まったこと。京セラと共同開発したバイタルセンシング機能付きの骨伝導ヘッドセットは、日本のコロナ感染症患者の受け入れ病院ですでに利用されているそうです。このニュースは、わが社のスタッフに大きな励ましとやる気をもたらしました。思いがけずBoCoの技術は〝百年に一度のパンデミック〟〔感染症の世界的大流行〕といわれるこの正念場にも役割を果たすことができたのです！

四つ目は、この流行が、世の中の温かさを感じさせてくれたこと。中国で流行が始まったとき、私たちはマスクを購入して中国側のパートナー〔提携企業〕あてに送り、大変喜ばれました。その後、日本国内で流行が拡大し、急にマスクが不足したため、中国側のパートナーが率先してマスクを〔段ボールで〕何箱も送ってくれたのです。こうしてパートナーとの間で、ただ製品を取り引きするだけでなく、心の通った助け合いをすることができました。本当に感動しています」

「料理の鉄人」へのイバラの道
――税関公務員から新聞配達、中国料理店オーナーまでの奮闘の日々

2

張慶余

（チャン・チンユイ／ちょう・けいよ）

正統中国料理店「涵梅舫《かんめいほう》」オーナー

1952年、中国北京市生まれ。1989年来日。横浜商科大学で学びながら、生活のためさまざまな仕事をこなす。大学祭でふるまった餃子が好評だったことから、保証人でもあった教授の後押しで、横浜に「北京餃子館」を開店。常連客の勧めもあり、人気番組「料理の鉄人」に挑戦すべく1998年、東京・赤坂に移転して正統中国料理店「涵梅舫」をオープンする。翌1999年、北京から迎えた一流の料理長が「料理の鉄人」挑戦者として“鉄人”と対戦し、見事大勝。以来、涵梅舫は政治家や著名人ら多くのファンでにぎわう人気店となり、現在は東京・銀座と名古屋に店舗を構える。

アルバイトで創業の自信深める

張慶余は若いころ中国人民解放軍の航空兵だったことがあり、退役後は北京税関に再就職した。勤務先は、北京市中心部にある、当時の外国人向け高級デパート・北京友誼商店内。肩書きは「税関監督補佐」で、エンジニアのランクで言えばエンジニア・アシスタントほどであろうか。収入は安定しており、住まいは勤務先からあてがわれ、昼になれば高級レストランでランチを取ることができた。一九八〇年代のことである。税関の外部の人間は言うまでもなく、内部の同僚たちでさえ、彼の仕事をうらやんでいた。だが、張自身、現状に満足していたわけではない。いつか中国を飛び出して、自らの目で外の世界を見てみたいと願っていた。真っ先に行きたかったのが、隣国の日本だ。国内の資源に乏しく、戦争でひどく荒廃したにもかかわらず、なぜ世界有数の経済大国になれたのか？　日本人はどのように奇跡を生み出し、日本社会はどれほど発展しているのか？　前々から興味を持っていたからだ。

張慶余はこのなぞを解き明かそうと、北京第二外国語大学の夜間大学に設けられていた

2　張慶余（チャン・チンユイ／ちょう・けいよ）

日本語クラスに入った。しばらく日本語を学んだ後、三十六歳ですっぱりと税関を辞め

一九八九年三月二十一日、横浜商科大学の聴講生としての在留資格で来日した。

見知らぬ土地に足を踏み入れてわずか二日後、張は中華料理店での皿洗いの仕事を見つけた。このアルバイトのためにわざわざスニーカーを購入し、ほかの人がのんびりと働く中で、彼は走り回って仕事した。だが、どんなにまじめに働いても、上司の老婦人に叱られたり、ののしられたりすることは日常茶飯事だった。ふと思い出すのは、毎日スーツと革靴のパリッとした姿で働き、どこへ行ってもうやうやしくされていた中国にいたころのこと。だが、今では人にさげすまれる皿洗いに落ちぶれてしまい、それが彼にはどうしても受け入れられなかった。こうしてわずか三カ月で皿洗いのバイトを辞めた。

二番目に見つけた仕事は、パチンコ店のホールスタッフだった。パチンコ台の列の前方に立ち、利用客やホールに目を配った。どこかで玉詰まりがあれば、すぐに駆けつけて修理する。ランプが点灯して大当たりが出れば、当たり台の番号をアナウンスして祝福するラッキーコールをする。張は、皿洗いよりもはるかにうまくこの仕事をこなした。というのも、軍隊にいたころ電報任務にあたったことがあり、数字暗号はいち早く、しっかり暗記できたからだ。パチンコ店の日本人スタッフは、ランプが点灯するとその台まで駆けつけ、番号を

確認してからラッキーコールをするのだが、彼はなんと店内のすべてのパチンコ台の番号を覚えていた。だからどこかでランプが点灯すれば、その場で正しくラッキーコールができたのだ。そのようすを見た店長は、ほかの二人のベテランスタッフに声をかけ、張一人でホール全体を回せるかどうか試した。すると彼は一歩も動かず、ホール全体をぐるりと見わたしただけで正確にラッキーコールをしてみせ、ベテランスタッフたちを驚かせたのであった。

張慶余の記憶力のすごさは、のちにバイトを新聞配達に変えてからも十分に発揮された。どこのエリアで、どれだけの配達先があって、どこの新聞で、どの広告を挟み込むかといった違いも何のその、店長が前日に引き継ぎさえすれば、彼は翌日、完璧に新聞を届けることができた。それは店長や従業員を仰天させた。以来、三軒の新聞販売店で新聞配達のバイトをしたが、待遇は一軒一軒良くなっていった。最後に新聞販売店を離れるとき、住み込みで月収は二十二万円。正社員と同等の好待遇に達していた。

中華料理店の皿洗いからパチンコ店のホールスタッフ、新聞配達まで、彼は仕事を通じてさまざまな日本人と出会い、日本社会への新たな認識を深めていった。「仕事に対するまじめさ、丁寧さが日本人の強みだが、ふつうの人たちの素養や能力といったところを見れば、想像していたほどでもない。日本で起業したとしても自分は負けることはない」。張はそう感じていた。

横浜で北京餃子館を経営する

日本で起業する自信を持ちはじめたころ、チャンスはやってきた。日本の大学では、学生主体の行事である「大学祭」が毎年行われている。当日は、さまざまなクラブやサークルが展示会やステージ、講演などで日ごろの活動の成果を披露する。この時、中国からの留学生は、中国人の〝得意技〟である餃子を作り、大学教授やクラスメートたちにふるまうことが多い。「張くんの餃子はとくにおいしい」と、彼の先生で保証人でもあった王子天徳《おうじたかのり》教授は、その餃子を食べるなり大絶賛した。「こんなにおいしい餃子は日本では食べたことがない。こんな餃子を売りにしたレストランを開いたら、人気が出るよ」。その話を聞いた張は、すかさず教授にどうやって店を開くのか、開業を手伝ってもらえないかと尋ねた。すると教授は「開業するための法的手続きや店舗探しはまかせなさい。きみは店舗を借りる費用を準備するだけでいい」と快諾してくれた。ようやくかき集めた資金は五百万円。そのうち四百万円は彼が三年間にわたり苦労して稼いだバイト代、残りの百万円は人から借りたものだった。張がこの五百万円を持参して、王子教授に不足はないかと尋ねると「大丈夫。問題ない」との返事だった。

ところが、のちに送られてきた請求書を見たとたん、張は呆然とした。店舗は横浜駅の近くにあり、保証金が八百万円、店舗のリフォーム代が七百十六万円。それは彼の〝キャパシティー〟をはるかに超えていた。そこで教授は業者と交渉して融通してもらい、保証金としてまず四百万円を支払い、残りの四百万円を一年後に支払う、リフォーム代はレストランで収益を上げてから支払う、という条件をのんでもらった。こうしてまず、四百万円の保証金を支払って、張慶余の「北京餃子館」がオープンした。

「当時、日本での営業方法がわからず、おいしい餃子を売ることだけ考えていました。本当に無知だったんです。借りた店舗に多額のお金が必要で、もし払えなかったらどうしようと心配でならなかった。今から思い出しても身震いするほどです。実際、それからの日々は家賃や返済のために大変な苦労をしました。とくに最初の年が苦しかった。オープンした最初の三日間は来客でいっぱいでしたが、その後はすっかり客足が途絶えてしまった。なぜなら、日本人はレストランで餃子を食べるだけではないからです。レストランとして営業するなら、ラーメンや野菜炒めといった料理も出さなければなりません。でも私は、餃子はともかくラーメンや野菜炒めを作るのは苦手でした。例えば、おいしいラーメンの秘訣はスープにあります。だから毎日、しょうゆ、うま味調味料、塩、砂糖などでスープの味をととのえるのですが、ラーメンの味は本物からはほど遠く、客足はどうしても伸びませんでした。稼ぎはないのに、毎月の家賃は出ていく。本当に頭を痛めました。後になって既製のラーメンスープが食材店で買えると知ったのですが、当時はどうしてそんなことがわかるでしょうか」

北京餃子館がいよいよ立ち行かなくなるころ、大学のクラスメートが中国から来たという料理人を紹介してくれた。その人を料理長として迎えてから、北京餃子館の料理はぐんとグレードアップして客足も伸び、一日あたりの収入は七、八万円に急増。それからの二

JR横浜駅の近くに「北京餃子館」をオープンしたころの張慶余（写真提供：張慶余）

年間はお客の入りが安定し、収益も上がっていった。開業時に未払いだった保証金四百万円とリフォーム代七百十六万円も、続いて返済されていった。

横浜で餃子館を営業しているころ、常連客にある大学教授と映画監督がいた。張は彼らと世間話をするのが好きだった。ある日、彼らがやってきたとき、店のテレビが「料理の鉄人」という番組を流していた。ちょうど有名な周富徳さん（中華料理人、故人）が料理に腕を振るうシーンが映し出されていて、張は思わず「あれは正統の中国料理ではないよ。正統だったら先にスープを作らなければ……」と自分が知っている正統中国料理の作り方を一通り話して聞かせた。それを聞いた教授と監督は、驚きの声を上げた。「こんなに中華に詳しいのだから、東京に出てキャリアを伸ばしたほうがいい。もし『料理の鉄人』に挑戦できれば、勝負にかかわらず有名になれる。それが成功の第一歩だよ」。さらに監督は「料理の鉄人」のプロデューサーと知り合いで、「必要なら紹介できるよ」とも言ってくれた。張の心は動いた。だが、東京のどこに出店したらいいのか？　教授は待ってましたとばかりに言った。「もちろん赤坂だよ！　よく言われるでしょう。『東京へ行ったなら、家電を買うなら秋葉原、本を買うなら神田、グルメの街なら赤坂』とね」

「料理の鉄人」への紆余曲折

張慶余はあまり深く考えず、思い立ったらすぐ行動に移すタイプだった。東京・赤坂のエリアでちょうどいい店舗を探す一方で、「料理の鉄人」に挑戦できる中国の名料理人に連絡を取りはじめた。そして入念に選んで、ついに高級ホテル「北京国際飯店」の総料理長で「国宝級料理人」（中国国家認定高級料理技師）として誉れ高い女性料理人、崔玉芬《ツォイユイフェン》さんを招聘することに決定。崔料理長は張と相談した上で、三人の名料理人（麺のプロ、前菜と北京ダックのプロ、広東料理のプロ）を率いて来日し、張慶余のレストランを代表して「料理の鉄人」に挑戦する運びとなった。

やがて赤坂にある店舗が見つかり、家賃やリフォーム代などを合わせて二千万円以上を投資。それは張が長年食費を切り詰め、節約してコツコツとためた貯蓄で、間違いなく餃子館開業のときより大きなリスクとしてのしかかった。しかも四人の料理人の訪日手続きがまだ完了しておらず、彼らがいつ来られるのか、まったくの未定だった。店舗はすでに借りていたので、毎月の高い家賃を払うために張は至るところから――妻から、母から、弟からすべて借金したのだった。こうしてなんとか半年間を持ちこたえ、手続きを終えた三人の料理人がようやく日本にやってきた。

一九九八年二月十日、赤坂にオープンした新店舗は「涵梅舫《かんめいほう》」。北京の有名な風水師の機構「正名廬」に依頼してつけてもらった縁起のいい名前である。ところが、店はオープンしたものの、主役の崔玉芬料理長の来日が遅れていたため、テレビの「料理の鉄人」に挑戦することができなかった。そんなこともあり、当初は来客が少なくて毎月の売上高で家賃を払うこともできず、店には閑古鳥が鳴いていた。料理長の来日も見通しが立たず、来日していた三人の料理人も待ちくたびれて帰国を考えはじめていた。張慶余のそれまでの人生の中で、一番苦しい時期であった。将来に対して失望しかなく、ひどく落ち込んで自殺さえも脳裏によぎった。

「そのころ、妻のため息をよく聞くようになりました。十歳年下ですが、内向的な性格で、ふだんはめったに感情を表しません。妻の貯金もこの店に投資したからだろう、そう思いました。当時の私は、もう生きていくのがつらくなった、自分で決着をつけようと思っていたのですが、そんなことが頭によぎってから、ちょっと計算してみました。というのも不動産会社に七百万円の保証金を収めていたので、もし閉店することになれば撤退に二百万円かかりますが、それでも五百万円残ります。だったらそのお金を妻に残そう、私は安心して旅立てる、と考えたのです」。張慶余はこの世ともおさらばだ、死んだら終わりになる、とまで考えた。だが、天の神様がどうして成功を間近に控えたまじめな努力家を、手放すことがあるだろうか？

「崔玉芬料理長が日本に到着した」という朗報が届いた。夜明け前の暗闇を生き抜き、ついに希望の光を浴びたのである。転機を迎えた彼は元気を取り戻し、「料理の鉄人」にチャレンジする準備に全力を傾けた。「涵梅舫」の看板料理は、中国料理の中でもあっさりしたスープとミルク仕立てのスープ、そして正統の山東料理。いずれも現代的な人工調味料（うま味調味料）などはいっさい使わず、中国の伝統的な料理法を引き継いでいた。また、涵梅舫が「料理の鉄人」の「鉄人」（レギュラー出演者のシェフたち）と対戦する「挑戦者」（ゲストシェフ）として選ばれるために、何人かの顧客が重要な役割を担ってくれた。もっとも力を貸してくれたのが、日本の著名な料理評論家で、教育者である服部幸應《はっとりゆきお》さんだ。日本のテレビの料理番組でもよく知られる美食家で、赤坂の涵梅舫で初めて食事をしたとき、「ここの中華は本格的でおいしい」と太鼓判を押したのである。以来、おいしい中国料理の話題になるたび

著名な料理評論家、服部幸應さんと赤坂の「涵梅舫」で（写真提供：張慶余）

に、涵梅舫を人に紹介してくれた。こうして著名人の後押しを受けたことで、涵梅舫の名声は業界内でもまたたく間に高まっていった。東京にある中国料理のみならず、西洋料理、日本料理の名店のシェフや料理人が引きも切らずやってきて、正統中華を味わうようになっていった。

ついに時はきた。涵梅舫はまもなく「料理の鉄人」制作サイドからの招待状を受け取った。番組は一九九九年二月、東京・台場のフジテレビのスタジオで撮影され、四月二日に同系列局で全国に放送された。挑戦者として涵梅舫の崔玉芬料理長は〝料理の鉄人〟陳建一《ちんけんいち》氏と直接対決し、手に汗握る激闘の末に、審査員の得票四対〇で挑戦者が大勝した。チャレンジは成功したのだ。涵梅舫の評判は一夜にして全国津々浦々に広まった。このときからレストランは連日満席となり、予約電話は朝から晩まで鳴り響いた。来客には有名人も多く、政治家だけでも福田康夫、小泉純一郎、宮澤喜一、細川護煕元首相たち、ほかに自民党、公明党、社民党の国会議員の過半数が訪れた。日本の大手メディア（テレビ・雑誌など）も、競うように取材しては報道した。張と料理人たちは忙しくてクタクタになるほどだった。

伝統守り、ヘルシー料理を提唱

「料理の鉄人」チャレンジ成功から一年。張慶余は名古屋鉄道（本社・愛知県名古屋市、名鉄）と提携し、二〇〇〇年四月に名古屋駅と直結する名鉄グランドホテルに「北京宮廷料理　涵梅舫」をオープンした。「料理の鉄人」涵梅舫の支店ということで、オープン当初から客足の絶えない人気店となった。東京・赤坂の本店は、崔玉芬料理長の帰国にともない、国宝級の料理人で、北京の宮廷料理「仿膳飯荘《ほうぜんはんそう》」の第三代継承者である董世国《トンシークオ》氏を迎えた。この新しい料理長は、それまでの味を守りつつ、涵梅舫の新しいメニューとなる「満漢全席《まんかんぜんせき》」（中国最後の王朝、清朝の宮廷でふるまわれた最高級の宴席料理）を登場させた。これは今日にいたるまで、同店のブランドメニューとなっている。

日本人は一般的に、レストランの良し悪しは料理長の腕しだい、料理長が去ってしまえばその店は続かないと考えている。このことも筆者が聞きたかった質問だった。「涵梅舫」が「料理の鉄人」に輝いてから、かれこれ二十年余り。料理長が何度交代したかはわからないが、どうすれば基本の味を変えずに、レストランの繁栄を続けられるのだろう？

「『百年の老舗は世界にあるが、百年の料理人はほぼいない』とよく言われます。日本では確かにこの問題があります。『料理の鉄人』に出演しブームに火がついたのに、半年もするとつぶれる店はいくらでもある。なぜか？ 店が大当たりすると料理人が忙しくなり、味の保証が難しくなるからです。さらに料理長が店を離れたら、つぶれてしまうことも多い。こうしたことを避けるために、私はまず、料理長を招くときに厳選します。必ず国宝級か、それと同じレベルの料理人でなければなりません。次に、来日してから、その人の料理を試食します。とくにスープの味をみるのです。当店のあっさりスープは山東料理のレシピで作られています。山東料理は、四川料理や宮廷料理とは細かな点が異なりますが、スープの作り方はとてもよく似ています。例えば、材料はいずれも鶏肉、鴨肉（ダック）、骨付き豚すね肉、ハム、干し貝などです。新しい料理長には、よく説明しさえすればこちらの要求するレベルで対応してくれます。別の例としては「大海老の山東風煮込み」です。この料理は、調味料にケチャップのみを使うほかの店とは異なり、エビみそ油も使わなければなりません。つまり、先祖から受け継がれてきた伝統中国料理のレシピを忠実に守る限り、その店は常にお客様に愛されるということです。こうしたことから、涵梅舫は『店は料理長しだい。料理長が離れれば、店がつぶれる』『料理長が変われば、味も変わる』という日本人の固定観念を、事実をもってくつがえした——と胸を張って言えるのです」

赤坂の涵梅舫は、店舗の入っていたビルが再建されることになり、二〇一一年にいったん閉店。その後、東京・中央区の銀座二丁目（銀座ベルビア館八階）に移転して、二〇一四年九月にリニューアルオープンした。かつて赤坂店の客席は約四十席だったが、現在の銀座店は六十六席に増加。赤坂店の古くからの常連客が戻ってきたほか、新しい利用客も増えている。張慶余が「紹介客」の状況について追跡調査したところ、最多で七回さかのぼることができた。つまり、最初の客が来てから二番目の客に紹介し、二番目の客が来てから三番目の客に紹介し、こうして次々とつながって、七番目まで続いたという。同店はこれまで一度も広告を出したことがなく、ほとんどの客が口コミやネット上の評判を頼りに訪ねてきた。

二〇二〇年二月時点で、涵梅舫銀座店の売り上げは「料理の鉄人」に輝いた全盛期の赤坂店を上回っており、張にとっても予想を超える成功を収めている。

秘伝のレシピへのこだわりのほか、涵梅舫の成功にはどんな秘訣があったのか？

「日本人はまじめに研鑽を積み、少しも手を抜かず、誠実さを心がけていることは周知の事実です。外国人の私たちは同じように行動するだけでなく、彼らよりも上を目指さなければなりません。これが日々の仕事において、自分はもちろん、店のスタッフに求めていることです。以前、こんなことがありました。個室を予約されたお客様が席を立たないうちに、次のお客様が時間通りに到着されたのです。お客様同士が鉢合わせとなる寸前でした。私たちは深くお詫びするとともに、次のお客様には隣のイタリアンレストランで、まずワインと軽食でくつろいでいただきました。もちろん当店のサービスです。前のお客様が立たれたので、次のお客様を招き入れましたが、待っていただいた分、当店での飲食代もすべて無償サービスとしました。とても温かなおもてなしだったということで、彼らはその後、常連客になってくださいました。また例えば、年末年始の忘年会や新年会では何十人ものお客様が来店されます。ビールやほかの飲み物を注文されて空きビンが山のようになりますが、会計のとき、正確な数がわからなくなったことがありました。そこで私はスタッフに『お客様が消費された飲み物は一本も間違えてはならない』とよく言い聞かせています。さらに食品の安全性についてですが、当店では添加物は一切使用していません。調味料は、伝統的な塩、しょうゆ、砂糖などで、うま味調味料はなるべく使わないようにしています。私自身は一日三食、ほとんど店内で食べています。料理人には、お客様に出すものを私に出すように、みなが同じものを食べるように、と頼んでいます」

ふだんの張慶余は、食と健康に関する知識を来客にレクチャーすることが好きだ。その人の体調によって、何を食べたらいいか、食べてはいけないかを伝えている。多くの客がこうしたおしゃべりをしたくて、先に彼が店にいるかどうかを電話で確認してから来店している。張の食の知識の豊かさは、日々のたゆまぬ努力と研鑽によるものだ。これまでに買い集めた本やレシピで、「中国の食」をテーマとする図書館が開けるほどだ。

日本の食品衛生と安全性に対しては、鋭い視点でコメントする。「中国にがん患者が多いのは、大気汚染や水質汚濁、食品汚染が原因だという人がいる。それは理解できます。でも、日本ではこうした公害が中国よりも少ないのに、どうしてがん患者が少なくならないのでしょう？　とくに胃がんは食生活の問題が大きく影響しています。でないと説明できません。問題の原因となるのが、おもに調理済み加工食品やファストフードの添加物です。コンビニでおにぎりを買ったり、デリカテッセンで弁当を買ったり、スーパーでインスタント食品を買うのもいいでしょう。パッケージには、その食品の添加物が国の規格基準内であることが記されていますから。でも、このような『基準内』の食品をいくつか合わせたら、『基準外』になってしまう。毎日食べたら蓄積されて、体が有害なものに侵食されてしまうのです！」

張慶余はまた、養生（健康）についての見解を話してくれた。「食欲、性欲、旅行欲などいずれも満足することが養生につながります。社会に参加すること、そして責任感を持つことも養生の重要なポイントです。私はもう六十八歳。衣食の心配もないのに、どうして今でも店に出るのか？　それはお金のためではありません。何かしなければ、という気がするからです。例えば、常連客が来られたら、私が知っている限りの健康知識や食の情報をお伝えします。そうすればお客様に、より健康長寿をもたらすことができるでしょう。私は、これも社会へのささやかな貢献だと考えているのです」

古くからの常連客の応援

新型コロナウイルスの感染が日本でも広がりを見せはじめた二〇二〇年二月末以降、涵梅舫では四人以上の予約を断っており、客足は大幅に減少した。同年三月の売上高は通常の四分の一に激減。四月七日からは政府の「緊急事態宣言」によりレストランは休業し、五月末に宣言が解除されるまでの約二カ月間にわたり収入はゼロになった。涵梅舫がようやく営業を再開したのは六月一日で、レストランはドアを開けたものの、客足はやはり以前の四分の一に減少したままだった。団体客はほぼ見られず、多くが二、三人の家族連れ。しかも〝応援〟のために来てくれる古くからの常連客がほとんどだった。ほかには昼休みに安いランチセットを食べにくる近くの会社員くらいである。こうして、わずかな収入は家賃や諸経費に消えていき、利益はほとんど残らなかった。おそらくこれは新型コロナの影響を受けた飲食業界では、ありきたりの現実だろう。にもかかわらず、今回のコロナ禍にあって張は二つのことで心がいやされ、感動すら覚えたという。

一つは、日本政府の給付金がじつにタイムリーで行き届いていたことだ。張はこれまでに中小法人等への「持続化給付金」百万円と、東京都による店舗等への「協力金」百万円を受け取った。また、日本政策金融公庫によるコロナ対応の特別貸付（実質無利子・無担保）の申し込みをし、二千万円の融資を受けることになった。こうしたタイムリーな〝恵みの雨〟が、せっぱ詰まった状況を助けてくれた。申請は済んでいるが、現時点でまだ受け取っていない給付金は、政府による「家賃三分の二の補助」と「雇用調整助成金」（従業員の雇用維持のために政府が休業手当等の一部を助成するもの、二〇二〇年七月時点）だ。

さらに、幸いなことに涵梅舫が入っているビルのオーナーは三井不動産で、大企業らしく気風がいい。ビル内のすべてのテナント店に対し、休業中の家賃を最大七〇％カットしてくれたのである。総じてみればこの間、張はお金を稼ぐこともなければ、大きく失うこともなかったという。

二つは、古くからの常連客が電話や来店といった形で〝応援〟してくれたことだ。それには感慨を新たにしている。「東芝の副社長だった中川さんという顧客がいます。十年以上前に引退されて、もう八十代になられます。涵梅舫が〝料理の鉄人〟に輝いたときからの常連客で、会食に連れてこられた方の多くが大企業の社長クラスです。今年（二〇二〇年）五月に近況伺いの電話があり、『〔緊急事態宣言で〕お店に影響が出ないよう、何かしてあげたい。出前サービスを始めたら、きっと応援しますよ。長く続けてもらいたいですからね』と言われました。中川さんは当店の六月再開の知らせを聞いて、わざわざ家族そろってご来店くださいました。また、ＮＨＫのテレビ番組にも出演されている女性ボイストレーナーの安先生も、時々生徒を連れて来られます。二年前に病気を患いましたが、治療を受けて、今ではだいぶ良くなられました。あるとき電話があり、『涵梅舫で食事したいわ。一番おいしいレストランだから』とのことでしたが、そのとき彼女は名古屋で静養されていたので、涵梅舫の名古屋店に行かれました。少し前にまた電話があり、『お店はいかがですか？』と聞かれ、営業再開後の感染防止対策について知りたいとのことだったので、ありのままに話しました。店の入り口にアルコール消毒液を設置し、スタッフは全員マスクを着用、テーブルには飛沫防止パーテーションをつけている。座席は一定の間隔を空けていて、お客様が帰られたらその座席やテーブルなどを丁寧に消毒するなど、できる限りの対策を講じている、と。それを聞いた彼女は、『じゃあ、私たちは今月末にうかがって応援します』と言われました。こうした数十年来の常連客は、愛おしい方々ばかりです。あまり多くは話しませんが〔彼らの応援に〕心が温まり、とてもうれしく思っています」

コンビニ模範店のオーナーとして店舗を拡大
――セブン-イレブンにかけた上海人夫婦のサクセスストーリー

3

陶山正

（タオ・シャンチョン／とうやま・ただし）

セブン-イレブン4店舗のオーナー

1962年、中国上海市生まれ。1990年来日。日本の家具製造会社、印刷会社に勤務したのち、夫婦でできるビジネスをと、セブン-イレブンのオーナー募集に応募。厳しい面接試験を経て、埼玉県内では初となる中国人夫婦オーナーとして採用され、2006年、夫婦として最初のセブン-イレブンをオープンした。熱心な接客ぶりと合理的な管理術、さらには2人の穏やかな人柄もあって業績はみるみる向上し、店舗も拡大。2020年2月時点で、夫婦による全4店舗の年間総売上高は9億円、雇用スタッフは86人に上る。

セブン-イレブンにかけた夫婦

陶山正は日本に来る前、上海の博物館で働いていた。仕事上、日本語の資料もよく目にしていたが、言葉はまったく理解できなかった。そうした中で、仕事での必要性と日本文化への関心から、日本に留学したいという思いが芽生えはじめた。時は一九九〇年。中国で日本留学ブームが巻き起こっていたころだ。そこで、ブームに乗って一年間休職し、日本へとやってきた。もともと日本語を勉強したら帰国して復職するつもりだったが、しだいにこう考えるようになった。「中国よりあらゆる面で進んでいる日本では、学ぶべきことが多い。大学院でさらに学び、帰国してから国に貢献しても遅くない」と。しかし、中国の職場（機関）のルールでは、有効期限を過ぎても戻らなければ「除名とする」とされていた。退路を断たれた陶山は、大学院を修了したら日本で就職するしか選択肢はなかった。

彼はまず、ある家具製造会社に入った。日本のしゃれた家具を中国で売りたいと考えたのだが、輸出販売のハードルが高すぎて実現しなかった。次に、ある印刷会社に入った。彼は傘下に子会社を設立し、本社の製版業務を人件費の安い中国に移して利益を上げることを目標とした。だが、三年後に本社は別会社と合併し、子会社もその影響で解散となってしまった。当時四十四歳だった陶山は、年齢のこともあり、また新人としてゼロから日本の会社に入るのは難しい、夫婦でビジネスを始めてはどうかと考えた。そこで思いついたのが、投資とリスクの少ないフランチャイズチェーンのことだった。ラーメン屋、喫茶店、リサイクルショップ、コンビニエンスストアなどさまざまなチェーン店の調査を始め、最終的に選んだのがコンビニだった。しかも、コンビニ大手のセブン‐イレブンに照準を定めたのである。

当時、セブン‐イレブンはめざましい発展期にあり、店舗数が急増していた半面、オーナー募集に応じる日本人の数が追いつかなかった。オーナー募集という〝正門〟を在日中国人に対しても開くかどうかは、同社の検討課題だった。そうした折に、陶山夫婦はセブン‐イレブンの「埼玉ゾーン」（同県内）でオーナーを募集していた事務所を訪ねた。じつは、以前にもその事務所に中国人の夫婦が応募してきたことがあったが、一人は中国人で、もう一人は日本人の国際結婚カップルだったという（ちなみに、セブン‐イレブンのオーナーの加盟条件は「六十歳以下の男女を問わず、商売好きで健康な人、二名での加盟が可能な人」であり、パートナーの組み合わせ条件としては「夫婦、親子・兄弟姉妹・甥姪など三親等以内の親族、義理を除く血縁のいとこで、経営に専念できる人」となっている。こうした規定がある理由は、パートナーが暮らしと利益をともにしており、労働時間を合理的に配分できることが考慮されているからだ）。

このときに、応募した陶山夫婦は二人とも中国人。事務所にとっては初めてのケースだったが、担当者は直感的にこの夫婦はコンビニの経営に適しており、きっと成功するだろうと判断した。またこの機会に中国人夫婦をオーナーにする突破口を開きたいと考えたという。そこでさっそく陶山夫婦を埼玉ゾーンの店舗開発部門に連れて行き、開発部門の担当者と面会させた。その担当者も積極的に応じてくれ、早急に彼らの店舗を探すことで、その場では合意した。

すべてが順調のように見えた。陶山夫婦は遠からずオーナーになる日を待ち望んでいた。しかしこのとき、よりによって同県のあるエリアのマネジャー（マネージャー）が異議を唱えた。つまり、これまでパートナーがいずれも中国人だったという例はなく、慎重に対応すべきだと言うのである。マネジャーは、まず夫婦には期限を設けず店で実習してもらい、合格したら経営を引き渡してはどうかと提案した。だが、陶山も黙ってはいなかった。「もちろん実習に行くことはできますが、期限を設けてくださいませんか。一年も二年も実習するなら、どうやって暮らしていくのか。まだ小学生の子どももいるんです。あなたの提案は、正直なところ受け入れられません」。マネジャーは「できないのなら、自ら辞退したとみなしますよ」と答えた。

ゾーンマネジャー面接で合格

自宅に戻った陶山は、ますますおかしいと感じた。先の二人の担当者による面接は、通っていたのだ。今になって、外国人だからダメだと言ったり、実習に行けと言ったり。そんな判断は間違っていると思った。「やっぱり、話し合いに行かなければ」。陶山はそう思い、彼の不満と疑念を伝えるために、一般社団法人日本フランチャイズチェーン協会（東京・虎ノ門）という団体を探し出し、訪ねて行った。同協会の担当者には「こうした問題は初めてなので、セブン-イレブン側に問い合わせ、相談してから回答します」と言われ、その言葉の通り数日後に返事があった。それによると、「某エリアのマネジャーの見解は一方的だと考えられるので、その上のポストである埼玉ゾーンマネジャーに面接してもらい、採用の可否について最終的に判断してもらうよう提案した」という。陶山は了解し、次の面接にそなえて準備を始めた。

面接の日、埼玉ゾーンマネジャーは開発部門のマネジャーを連れていた。面接を受ける側の陶山夫婦と、まさに二対二の布陣だった。ゾーンマネジャーは開口一番、「あなた方は外国人なのに、どうしてセブン-イレブンのオーナーになりたいのですか？ 雇用するスタッフも、サービスする対象もすべて日本人なのですよ」と言った。陶山はこう答えた。「私たちはきっと良い接客サービスができると確信しています。私の理解では、セブン-イレブンの商品単価はかなり安く、顧客一人あたりの購入額は七百円です。それを私は把握していて自信がある。一戸三千万円を超えるような住宅を売るわけではないですから」。次に、ゾーンマネジャーは「そんなに自信をお持ちなら、セブン-イレブン一店舗あたりの一日の来客数を知っていますか？」と尋ね、陶山は「おおよそ千人です」と答えた。ゾーンマネジャーはその二つの答えに驚き、「セブン-イレブンについて、かなり勉強されてきたようですね」と感心した上で、さらに問いを投げかけた。「今、中国と日本の関係はギクシャクしていますが、あなたが中国人だから日本人は来店しないかもしれないという心配はありませんか？」。陶山は答えた。「あなたが言われるギクシャクとは、島（尖閣諸島、中国名・釣魚島）の領有権をめぐる対立のことでしょう。率直に言うと、それは私たち庶民とは関係がありません。あくまでも国家間のことであり、お互いの日常生活には影響を及ぼしません。しかも、島をめぐる対立のことを知っている日本人は一部の人だと思います。日本に住んで十六年〔当時〕になる私の知る限り、日本人は中国人に対していつもフレンドリーでした」。陶山の返答を聞いたゾーンマネジャーは、「合格しました！」と即決した。「第一に、あなたは良く勉強している。第二に、この仕事に対して自信がある。この二つの点で、あなた方のような中国人に、セブン-イレブンのフランチャイズにぜひ加盟していただきたい」。彼はそう太鼓判を押したのだった。

採用が決定してから、陶山夫婦の加盟手続きはスムーズに進んでいった。セブン-イレブンのフランチャイズ加盟店を開くには、内装工事から各種設備まで数千万円という多額の資金が必要だったが、オーナーは契約するタイプによっては加盟金二百五十万円〔税抜〕を支払えば、土地・建物などのすべてを本部が用意してくれた。二百五十万円の内訳には「研修費、開業準備手数料、開業時出資金」という三つの項目があった。その後、店内に並べられた約八百万円相当の商品が本部から貸与され、利益が出たら返済していく。完済後の利益は、人件費や光熱費などを除けば、店の営業利益となる。もし、撤退することになれば、八百万円を返済してくれるが、それは実際には在庫商品に相当する金額だという。

好業績に日本人も目を見張る

二〇〇六年七月二十五日、陶山夫婦の最初のセブン-イレブンが正式にオープンした。それまで二人はスタッフの募集や教育研修など、さまざまな準備に明け暮れていた。予想外だったが、採用した十人は全員日本人。陶山は当時のようすをこう語る。

「面接したとき、単刀直入に私は中国人だと言いました。でもオーナーが中国人だからやらない、という人はいなかった。私たちは本部の業務ガイドにしたがって、第一期のスタッフを厳しく育成しましたが、それは店舗の発展に大きな役割を果たしました。もともと本部は、寂れたところに設置したこの店に、さほど期待していなかったようです。まあ、やってみなさいという感じでした。私たちはそんなにこだわりがなかったので、どんな店にしろ、それを受け入れて、開店してから考えようと思っていました。けれども開店前に行ってみたら、店の周りが雑草だらけでガッカリしました。私たち二人は慰めあうしかありませんでした。〝旗を揚げれば、兵は自ずとやってくる〟ということわざが中国にあります。こんな困

セブン-イレブン本部から表彰され、陶山夫婦は加盟店の中でも有名になった（写真提供：陶山正、撮影：『中文導報』）

難にぶつかりましたが、それでも私はずっと楽観的に過ごしてきました」

店がオープンしてから、陶山夫婦はスタッフに熱心に接客するようにと求めた。それが周辺住民を引きつける鍵になると考えたからだ。夫婦とスタッフが懸命に努力した結果、オープンから半年でめざましく業績が伸び、その後も右肩上がりの成長をみせた。一日あたりの売上高は当初の五十万円から九十万円に伸び、埼玉県・大宮エリアのセブン-イレブンの中でも上位に入った。さらに五年後には、セブン-イレブン本部から「模範店」として表彰された。これにより、陶山夫婦がセブン-イレブンの加盟店で有名になったばかりか、この快挙が在日中国人の店の起業に大きな扉を開いたのだ。以来、セブン-イレブンは中国人オーナーの受け入れに積極的で、これまでに埼玉県内だけでも十組以上の中国人夫婦がオーナーになっている。しかも各店舗とも順調な経営を続けており、失敗したというケースは一つもない。

陶山夫婦は一号店が模範店となった後、二〇一二年八月二十五日に二号店をオープンさせた。一号店のオープンから六年後のことだった。前回の経験があったため、オープン時の効率はグンと上がった。二号店の立地も寂れたところではあったが、彼らがオーナーとなってからは抜きん出た業績を上げた。当初一日あたりの売上高は四十万円ほどと見込まれていたが、ほどなくして六十万円以上に達した。二号店は短期間で安定した経営を実現し、本部のほうでも改めて陶山夫婦に括目した。この夫婦による成功は、偶然ではないらしいと感じたのである。二〇一七年二月、セブン-イレブン本部の担当者がわざわざ店までやってきて、陶山夫婦にほかの店舗も引き受けてもらえないかと尋ねた。その店舗の立地はとても良く、埼玉県の鉄道交通と商業の拠点、大宮駅の駅前に位置していた。陶山夫婦が快諾しないわけはなかった。この三号店を担当し、わずか一カ月で一日あたりの売上高は当初の四十万円余りから五十万円余りまで上がり、その後も業績を伸ばしている。さらに二年後となる二〇一九年二月には、本部からの依頼で、さいたま市大宮区の隣接区に四号店をオープンした。この店もこれまでと同じように順調に成長している。二〇二〇年二月時点で、陶山夫婦による四店舗の年間総売上高は九億円、雇用するスタッフは八十六人に上っている。

陶山オーナーの人間味ある管理術

陶山夫婦はなぜ、店を開けば連戦連勝するのだろう？　誰しもが聞かずにはいられない問いだ。そこで筆者は彼らの回答をもとに、成功の秘訣を次の通りまとめてみた。

第一に、スタッフの就業の安定性を重視すること。コンビニは、中国のことわざにある「スズメは小さくても、内臓がすべてそろっている」（小さくても必要なものはそろっている）ことを現す小売店だ。例えば、レジ周りでは支払いを受けるだけでなく、公共料金、電話代、宅配便などのさまざまな収納代行サービスを行っている。煩雑な作業に嫌気がさしてスタッフが辞めてしまうことも多いのが実情で、このようにスタッフがよく入れ替わる店は、間違いなくその店の評判を落としてしまう。だが、見慣れたスタッフがいると、利用客は「ここはスタッフが長く安定して働いている。だからきっといい店だ」と思うのだ。

陶山夫婦の一号店はオープンから十年余り。以来継続して勤めているスタッフも数多く、その姿はダイレクトな宣伝となる。彼ら夫婦の穏やかでつつましい仕事ぶりも、スタッフが安定して働いている大きな理由だ。

第二に、日本人の店長の役割を、フルに発揮させること。オープンした当初は多くのことを夫婦二人でやっていたが、運営が軌道に乗ると、店長のポストをきっぱりと部下に任せた。毎月の定例会議も日本人の店長が主催している。会議にかけられた問題や提案はすべて店長から陶山に報告され、陶山からはたいてい「わかりました。ではそうしてください」という一言を返すのみだ。彼は言う。「厳密に言えば、私たちの管理はかなり厳しいのですが、スタッフに拘束感はないようです。実際、彼らは自己管理をしっかり行っています。〔管理や運営に関する〕いくつかの提案も、会議中にスタッフから出されたものです。その後は、自分たちでも目標達成のために懸命に努力します。そうした中で、彼らは自己実現を成し遂げる満足感を得ているようです」

第三に、スタッフのシフト編成をできるだけ合理化すること。陶山は、コンビニでスタッフを雇用する際、外国人が多すぎるのは避けるべきだと考えている。例えば、中国人スタッフを多く採用して同じシフトにした場合、どうしても中国語を話してしまい、日本人客に不快感を与える可能性がある。やはり日本で店を開いている限り、言葉も含めて「郷に入っては郷に従え」で、その土地の風俗や習慣にしたがうべきなのだ。陶山がシフト編成をする際に、中国人スタッフが何人かいる場合は中国人と日本人を一人ずつ組み合わせ、二人の中国人を同じシフトに入れることはない。その目的は「店内で聞こえる言葉を、日本語のみにする」ことだ。

第四に、スタッフの生活を気遣うとともに、ともに仲良く働くことだ。陶山は言う。「スタッフは、私たち（陶山夫婦）が金儲けばかりの商売人ではないと知っています。そして、みんなが子どもの教育に熱心です。一号店には、父親、母親になったスタッフも何人かいる。もともと子どもの教育に関心がなかったようですが、私たち夫婦の影響なのか、日々コツコツ節約し、子どもを塾に通わせていますす。私は雇用主ですが、仕事を除けば私たち働く仲間は友だちのように互いを思いやり、仲良くつきあっているのです」

スタッフたちとは、仕事を除けば友だちのように仲がいいという（写真提供：陶山正）

事業は粘り強く、趣味も楽しむ

陶山夫婦が最初の店を開いたとき、息子はまだ小学生だったが、忙しすぎてあまり相手ができなかった。だが、ものわかりがよく優秀な子どもで、のちに日本の国立大学医学部に進学して両親の自慢となった。「息子は来日したとき六歳でしたが、幼稚園に半年通ううちに日本語が話せるようになり、小学一年生のときにはもう言葉の壁はありませんでした。四年生になると塾に通わせて、それからわりと評判のいい私立中学に進学しました。今は、国立信州大学医学部の五年生です（二〇二〇年時点）。私たちは引き続き新しい店舗を設け、より多くの貯蓄をして、息子が大学を卒業したら開業医になれるよう出資したい。私たちが使命を終えたとしても、彼らのような次世代の中国人が日本で奮闘していくのです」

中国の改革開放政策（一九七八年から開始された経済政策）の後に来日した中国人は、いわば「新華僑の第一世代」だ。この世代の人は、多くの苦労に耐えながらも懸命に働いて、異国の日本でそれぞれの道を切り開いてきた。陶山夫婦もその一例だ。彼らには何の後ろ盾もなく、来日後は社会の底辺で暮らしながらも奮闘し続け、ようやく現在、事業が大きく成功したのだ。生活レベルから見れば、日本の高級住宅に住み、高級車に乗っている彼らは、すでに下層階級から中産階級に入ったといえるだろう。

陶山自身の説によれば、彼らの起業の〝敷居〟（ハードル）は低く、だれでも努力すればやり遂げられることだという。おそらく一部には目標が高すぎたり、まじめにやらなかったり、日本社会がチャンスをくれないと不満を漏らしたり、チャンスがあっても挑戦しない、という人もいるだろう。陶山夫婦にも辛酸をなめた時期があった。最初の店を開いたとき、月収は合わせて三十万円にも満たなかった。妻は当時、「こんなに収入が少ないなら、私がバイトに出たほうがましだわ」と意欲をなくしたことがあったが、陶山は「もう少しがんばってみよう」と励ました。それから半年、粉骨砕身して仕事にあたった彼らは、みごとに生計を立て直した。粘り強くやり通し、冬の寒さをのりこえて、ついに暖かな春の日を迎えたのだ。

現在の陶山夫婦は、セブン-イレブンの四店舗の経営を担っている。プレッシャーは大きいが、好循環が生まれていて、仕事も生活もとても安定しているという。というのも、彼らは豊かな経験を積み重ねており、その周りには力強いチームもいる。陶山は店のオーナーと

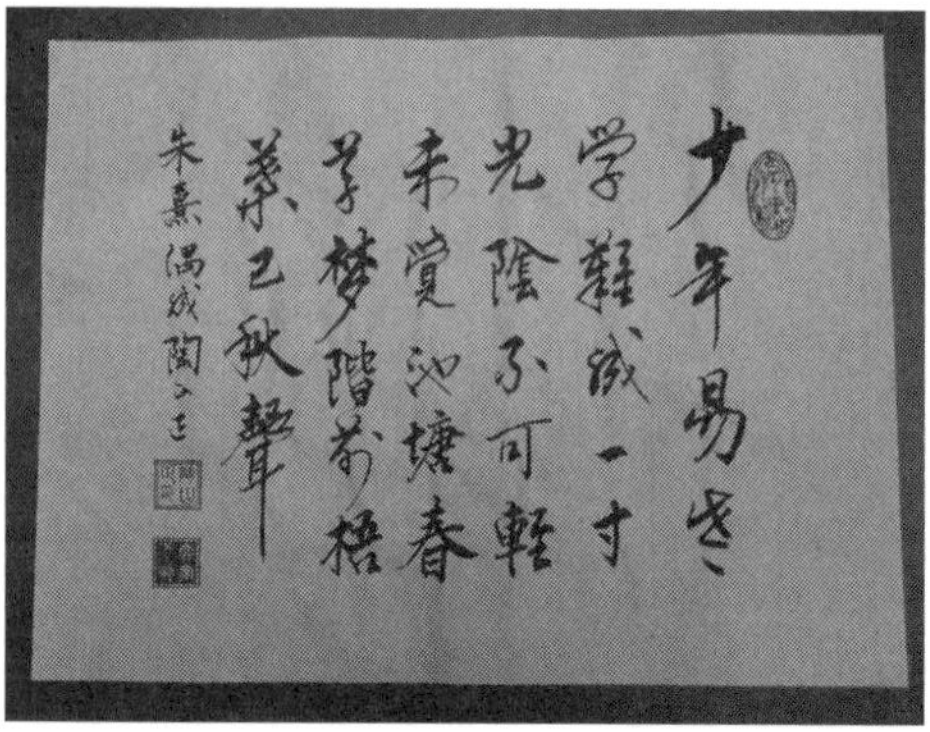

陶山の書道作品。「少年老い易く　学成り難し」で知られる南宋の思想家・朱熹の詩「偶成」（写真提供：陶山正）

陶山は「青花磁」のコレクションが好きで、かなりのこだわりを持っている

して、毎日午前六時半から午後二時まで一号店に勤務するほか、余暇には自分の趣味に没頭している。読書をしたり、書道をしたり、骨董市場に行ってお宝を探すなどだ。骨董の中でもとくに「青花磁」（白地に藍色の模様の磁器）のコレクションが好きで、かなりのこだわりを持っている。本格的なビジネスと幸せな家庭に恵まれ、そして楽しみの尽きない趣味もある。まさに完璧な人生だといえるだろう。陶山はそれを見事に実現したのだ。

日本人スタッフのプロ意識に感動

陶山夫婦の四店舗は順調に売り上げを伸ばしており、新型コロナウイルス感染拡大の第一波でさえ、収益に大きな変動はなかったという。もちろん、これは日本政府が進める政策にかかわっている。

「今回の新型コロナの流行は、コンビニとスーパーという日本の二大業種にさほど大きな影響を与えませんでした。最初の緊急事態宣言が出されてからも、政府がコンビニやスーパーの営業継続を認めたことが、おもな理由です。四月から五月までの〝自粛〟期間中、客足は確かに少し減りました。誰もができるだけ外出しないように、できれば店に行かないようにしていたからです。とはいえ、利用客は前よりもはるかに多くのものを購入するようになりました」

この間、政府は新型コロナの影響で売り上げが減少した事業者に対して「持続化給付金」を支給したが、コンビニのように休業しない事業者は支給の対象外だった。だが、セブン-イレブンのフランチャイズチェーン本部は加盟店とそのスタッフにとくに配慮して、各店舗に十六万円、つまり十万円の「特別感謝金」と六万円の「従業員特別手当」を支給した。四店舗を経営する陶山夫婦は、計六十四万円の支援金を受けたのである。

新型コロナの感染拡大で、陶山の仕事は以前よりも忙しくなった。

「これまでは必要なかったのですが、今では四つの店舗に毎日足を運んでいます。まず、こんな非常時にもかかわらず、まじめに働いているスタッフの労をねぎらい、それから商品の発注状況をチェックしています。というのもコロナの関係で、仕入れには少し調整がいるからです。買い物客はこれまであちこちの店が利用できたのですが、今では一つの店ですべての買い物を済ませたい。これが、お客様が店に入るといくつもの商品を購入する理由です。シャンプーや洗剤、洗濯用洗剤など、これまではコンビニであまり売れなかった日用品も購入する人が増えています。スーパーで買う方が安いのですが、こうした時期には、値段の差など気にしないのでしょう。家庭の主婦も、調味料を買うためだけにわざわざ遠くのスーパーへ行かないので、こうした商品もコロナ前より売れています。ファストフードのおつまみも良く売れている。会社帰りに居酒屋へ行くようなお客さんも、〔家飲みのため〕コンビニに集まっているのです。もちろん、以前より冷遇されている商品もあって、それはフルーツジュース、揚げ物、中華まんなどです。こうした来客数に比例する商品の売れ行きは、コロナ前ほどではありません。このように時代の変化に合わせて、発注する商品の配分を改める必要があるのです」

コロナ禍にあって、コンビニは営業が続けられ、経営者は通常の利益を維持することができたが、これは幸運なほうだろう。また利用客が、店に行けば多くの生活必需品が求められるのも良いことだろう。だが、コンビニの最前線で日夜奮闘するスタッフにとっては、別の話かもしれない。つまり、彼らは日々たくさんの知らない顔に接しているが、その中に保菌者がいないとは誰も保証できないからだ。これが、陶山が雇用する日本人スタッフのプロ意識に感心した理由でもある。

「新型コロナの流行に遭ったのは初めてのことで、みんな恐怖を覚えています。感染すると最悪の場合、生命を脅かすことは周知の事実です。にもかかわらず、うちの日本人スタッフはまじめに働き、誰も休みを取っていません。それに比べて、我慢できなかったのがアルバイトの中国人留学生たちです。日本で感染が拡大すると、帰国する人や休みを取った人もいました」

勤務スタッフの安全を確保するため、コンビニではさまざまな感染防止対策をとっている。セブン-イレブン・ジャパンでは、すべてのスタッフのマスク着用を規定している。また、店舗のレジカウンターに透明のビニールシートを設置し、スタッフと利用客を隔てることで、飛沫感染の防止を図るよう指示している。

陶山の経営店でも、スタッフは一時間ごとにカウンター周りをアルコール消毒したり、出勤時には使い捨ての手袋を着用したりと独自の対策を追加した。現状において、最大限の感染防止策を講じていると言えるだろう。

多くの人が、新型コロナの流行は大規模な〝洗牌《シーパイ》〟（麻雀牌を混ぜる、再編・改造すること）であり、人類の多くの固定観念を変えると見ている。だが、良いもの、優れたものは変わることなく、人類とともに歩みを進めていくと筆者は言いたい。政府が企業を大事にし、企業が社員を大事にし、社員が顧客を、顧客が社会を、そして社会全体が自然を、それぞれ大事に扱う。それこそが調和のとれた社会に生じる好循環だ。
一日も早く陰鬱な新型コロナの霧が晴れ、さわやかな季節が到来することを願いたい！

「ゴッドハンド」と評されるトップレベルの整体師に
――北京の元エンジニアが日本で一八〇度の転身を遂げる

4

山田栄一

（やまだ・えいいち、中国名・韓剣明＝ハン・チエンミン／かん・けんめい）

整体療法家、「快復堂 山田式整体院」総院長、
「日本統合整体学院」学院長

1956年、中国北京市生まれ。北京科学技術大学卒業。1987年に来日し、中国按摩針灸協会副理事長の葛長海氏と出会った縁から、鍼灸整体院で働きながら学び始める。整体師の免許を取得後、独自の整体理論と手技の研究を続け、「山田式整体療法」を考案。1997年、「快復堂 山田式整体院」（東京・笹塚）を開業する。以来、多くの芸能人や著名人らを施術して知られ、週刊誌では「ゴッドハンド」と評される。2001年、筋腱整体を教える「日本統合整体学院」を開校。現在、快復堂の総院長として整体療法を続ける傍ら、同学院でよりすぐれた技術を備えた整体師の育成に励む。（写真提供：山田栄一）

ある出会いが整体師の道へ

山田栄一は、中国の理工系大学でオートメーション工学を専攻し、卒業後は北京市機械局の計量検定部門のエンジニアとして勤務した。仕事が好きで熱心に働いていた彼は、数年のうちに多くの業績を収めた。バリバリと仕事をこなしていたころのこと。大学教員として経営管理を教えていた彼の妻が急に「日本に留学したい。いっしょに行きましょう」と話し出した。降って湧いたような難題だった。日本へ行くなど考えたこともなかったし、日本語もわからない。親戚や友人もいない。どうやって暮らすのか？　しかし、それが妻の長年の願望であると知ったとき、やさしい彼は従うよりほかなかった。「とにかく自分はまだ若い。海外で道を切り開くのも悪くない」。この寛容性と大らかさが、彼の性格の良さでもあった。

こうして一九八七年十月、二人は日本円にしてわずか六万円を握りしめて来日し、先の見通しも立たない状況で留学生活を始めた。山田は日本語がまったくできなかったので、まず仕事探しで壁にぶつかった。求人先からの返事はどれも「だめ」というにべもないものだった。二カ月が経ち、手持ちの資金も底をついて、彼の苦悩はいよいよ深まった。アルバイトの応募は何度か挫折したものの、やがて東京・目白の日本料理店で時給六百円の給仕の仕事を見つけ、彼はまじめに働いた。

ある日のこと。数人の来客の中に、年配の中国人客がいた。親しみもあってよもやま話をしていると、その人が北京でマッサージをしている山田の友人を知っていることがわかった。山田が日本に行くことを決めた後、その友人は「役に立つかもしれないから……」と言って、特別にマッサージの〝手技〟（テクニック）をいくつか教えてくれたのだった。その話を聞いた中国人客は、すぐに同席していた日本人（鍼灸整体院の経営者）に言った。「彼は私の知り合いの友人ですよ。あなたの店でマッサージをやってもらったら？」

「のちに私は、その年配の中国人客が葛長海《コーチャンハイ》先生と言い、北京市鉄道総合病院の整形外科部長で、中国按摩（マッサージ）針灸協会の副理事長でもあることを知りました。当時、財団法人日本船舶振興会（現・公益財団法人日本財団）の笹川良一会長への施術のため、日本に招かれていたのです」

この出会いが、山田の運命に転機をもたらした。日本料理店での仕事を辞め、葛先生に紹介してもらった鍼灸整体院で働きながら学び始めた。葛先生はしばしば難病のある人の施術のために登院するとともに、空き時間を利用して、漢方マッサージの基本的なテクニックを山田に手ほどきしてくれた。また、中国への帰国に際して『捏筋拍打療法』という漢方マッサージの秘伝の技について解説した著書を贈ってくれた。それは山田が整体業界に入るための啓蒙書になったという。

「日本では整体業界における競争が激しく、外国人の私はいっそう努力しなければなりません。最高の仕事をして、お客様に満足してもらい、ようやく認められるのです。でないとお客様に指名されず、収入もなくなり、私は日本で生活できなくなってしまいます。幸い私はすばらしい先生に出会い、優れた教科書をいただきました。葛先生の本で、施術により症状を改善させるという神秘的な事例を一つひとつ学び、この仕事に魅了されました。私はひそかに誓ったのです。葛先生のスキルをすべて習得し、お客様にもっとも歓迎され、信頼される整体師になろうと」

葛先生の帰国後、山田は日本人が経営する整体院やマッサージ店をいくつか回り、それらがおもに癒し効果、リラックス効果をうたう一方で、症状を改善させる効果はあまりないことに気がついた。もちろん、それは山田の目指すところではない。葛先生のように、マッサージを通して施術を受ける人の痛みを和らげたいと考えたのだ。この信念を貫くため、彼は伝統的な中国医学のマッサージ療法に関する本をたくさん読んだだけでなく、西洋医学の解剖学にも関心を深めた。医科大学の解剖学のテキストを見つけ、何べんも読み返しては研究を深めたほか、テキストで学んだことを臨床実践に進んで応用した。もんだり、押したり、さすったりという整体の感覚をつかみ、その効き目を検証するため、ときには自分自身や妻の体を使って整体療法を実験していった。

ところで、整体はすぐに効果が表れるとは限らない。その場合はどうするか？

「お客様に誠実に向き合います。『整体では、体の痛みの原因を探します。そしてその原因を取り除くことができれば、いろいろな症状や痛みが自然になくなります。最初の施術で効果が表れないのは、痛みの原因をまだ見つけていないから。それをつかむために、また来られることをお勧めします。おそらく二度、三度と施術を受けるうちに効果が表れるでしょう』。そう正直に話します」

山田は、初めて来客に整体を施したときのことを今でも覚えている。「ひどい腰の痛みがあるお客様で、整体の施術では、葛先生に教えられたテクニックをいくつか使いました。その日、明らかな効果はありませんでしたが、二日後にまた指名されて施術しました。終わってから、彼は言いました。『本当にありがとうございました。長年、腰痛を患っていますが、二回でだいぶ良くなったようです』と。私も気づいたのですが、最初の施術のとき、彼の腰は岩のように硬かった。でも二回目が終わると、腰はゴムボールのように柔らかくなっていました。こうした事例はたくさんあります。私の施術でお客様の痛みが和らぎ、うれしそうなようすを見ると、私もうれしい。たとえ料金をいただかなくても価値がある、私の努力がついに実を結んだ、これこそが追求していたものだと思えるからです」

開業してトップレベルの整体師へ

その後、山田は開業について、どのように考えたのか？

「二年間、整体の施術を行い、それから自分の店を開きたいと考えるようになりました。最後に働いていた店では、ほかの整体師は全員日本人で資格を持っていました。彼らとは良好な関係でしたが、しばらくすると、みんなが私を避けはじめたように感じました。なぜか？お客様からの電話があると、いつも私が指名されていたからです。結果として私一人がてんてこまいで、ほかの人は暇を持て余していました。その分、稼ぎも多かったのですが、彼らの仕事を奪ったことに気づきはじめました。それで思い切って自分でやってみようと、妻と話し合ったのです。ちょうど東京都内のある〝整体学院〟で学生を募集していて、民間資格である〝整体師免許〟が取得できるということでした。私は整体学院に入学し、数多くの臨床施術経験を積んで、成績優秀者に与えられる〝高級整体師〟の免許を取得しました。こうして正式に開業できることになったのです」

東京・渋谷区笹塚にある「快復堂 山田式整体院」

日本で独立・開業をしても、元の店から顧客を引き抜くことはできない。山田はこの開業のルールを厳守した。ゼロからのスタートだったが、日増しに熟達する技能と細やかなサービスにより、多くの顧客を引きつけていった。東京の渋谷区笹塚に開いたその整体院の名前は「快復堂 山田式整体院」。一度も広告を打ったことはなく、顧客の口コミだけが頼りだった。彼によると、快復堂の周りには多くの整体院があった。通いやすい料金で医療保険も利用できたが、自由な営業形態のところが多く、山田の整体院だけが活況を呈していた。なぜか？　快復堂が来客の痛みを和らげたのはもちろん、顧客の口コミが最高の広告になったからだ。中には、午前に富山から国内線で飛んできて、施術を受けると午後にはトンボ返りで帰る人、わざわざ京都から新幹線に乗ってくる人、海外試合への出場後すぐに国際電話をかけてきて、次の施術を予約するアスリートもいる。さらに日本の著名人も少なくない。

山田はこんな話をしてくれた。ある日、なじみの客から「急いで見てもらいたい人がいる。新宿・歌舞伎町のコマ劇場に来てもらえないか?」との電話が入った。場所は遠くなかったのですぐに向かい、到着して初めて、その人が有名な演歌歌手の吉幾三さんであることを知った。新宿コマ劇場で二十日間にわたる興行があったのだが、どういうわけか四日目の朝、歯をみがいていたら突然動けなくなったという。ぎっくり腰かと誰もが思い、何人かの医者に診てもらったが治らなかった。折よくコマ劇場の副支配人が山田の顧客であったことから、山田に声がかかったのだ。

彼は言う。「一目見て、吉さんに言いました。これはぎっくり腰ではなく、腰のヘルニア〔腰椎椎間板ヘルニア〕です、と。彼はまったく動けませんでした。ステージで歌えないなら、チケットの払い戻しをしなければならないが、まだ十数回ものショーが残っている。どうすればいいか? 私は試してみましょうと言い、その瞬間、みんなの視線が一身に集まるのを

4　山田栄一（やまだ・えいいち、中国名・韓剣明＝ハン・チエンミン／かん・けんめい）

多くの著名人らを施術して知られる整体療法家、山田栄一

感じました。この中国人がいったいどうやって治すのだ？　とでも言っているようでした。一時間に及ぶ整体施術を経て、吉さんはついに立ち上がり、そして公演を無事に終えました。その日の施術はとくに難しいことはなく、肝心なのは何といっても施術法を誤らないために、最初に判断ミスを犯さないことでした。私は彼が腰椎椎間板ヘルニアを患っていると判断し、まず、骨と関節が神経を圧迫しているところを施術して、その両側の硬い部分をもみほぐしました。次に、上から下まで腰椎椎間板ヘルニアに影響を与える可能性のあるすべての部位に対して施術を行いました。それにより、骨や関節などのゆがみやずれが正常な位置に調整されて圧迫感がなくなり、ついに痛みを感じることなく

再びステージに立つことができたのです。もちろん、こうした症状を一度に改善させることはできません。あくまでも応急手当でした。その後、私は何度か車で迎えられ、期間中無事公演ができるように吉さんを施術しました。彼にはとくに感謝されました。それから彼のマネージャーが私に言うには「できるだけ早く、そんなに酒を飲まないように言ってほしい」と。それで私は機会を見つけ、言い方を変えて、食事療法でダイエットしましょうと吉さんに伝えました。しばらくして、テレビ中継で目にした吉さんは、スッキリと一回り痩せていました。彼の腰椎椎間板ヘルニアの症状が改善したことがわかったのです」

快復堂は多くのテレビ番組で報道され、週刊誌『週刊現代』が選んだ「有名人が通う伝説のマッサージ東西三十店」のリストに入ったこともある。だが、評判が高まるにつれて、プレッシャーも大きくのしかかった。山田はもっとも忙しいときで、一日あたり十人を施術することもあったという。しかも来客の整体施術に一心不乱で、長時間立ちっぱなしでいることによる腰への負担を顧みなかった。そのため自身も来客と同じように腰椎椎間板ヘルニアを患い、痛みがひどいときには歩くこともできなかった。やむをえず療養のため中国に一時帰国し、日本に戻ってからは自身のケアに専念するほか、彼の整体を手助けする方法を弟子に教えた。こうして体の具合はしだいに良くなっていった。以来、山田は仕事の重きを、自身のケアから編み出した独自の「山田式筋腱《きんけん》バランス整体療法」の実践と普及に置きはじめた。

究極の目標は「誰もが長生き」

「山田式筋腱バランス整体療法」とは何か？　山田はこう説明する。

「私は、理工学部でオートメーション工学を専攻しました。オートメーションが重視するのはバランスです。つまり、オートメーションを設計するとき、パラメータ〔設定値、引数〕の数値は大きすぎても小さすぎてもだめで、最適でなければなりません。人体も平衡体であり、四本足の動物と違うのは、二本の足で歩くときにバランスをとる必要があること。人体の筋肉と骨格のバランス

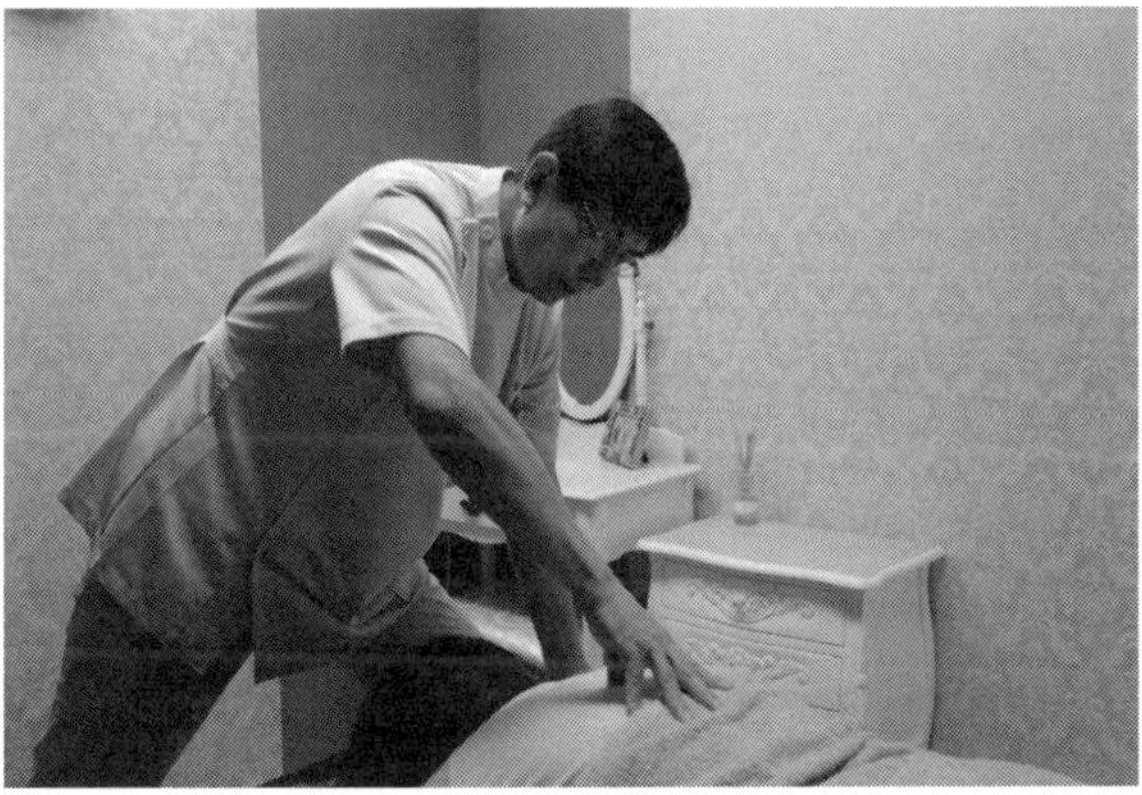

自ら編み出した「山田式整体療法」で顧客の痛みを和らげる（写真提供：山田栄一、撮影：木村尚）

がくずれると、痛みが生じてきます。地震に遭ったビルのように、たとえ倒壊しなくても傾いている限りドアや窓に不具合が生じます。ビル全体を直さずにドアや窓だけを修理すると、ある日、傾斜がひどくなり、重心バランスをくずしたときに崩壊します。私たち人間にしても、仕事やライフスタイルによっては良くない姿勢になりがちで、それで体の重心バランスを崩すかもしれない。このとき、特定の筋肉はストレスを受けながらも体の重心バランスを保とうとします。筋肉が休むことなくストレスを受け続けると、過労や老化により、体の不調や背中の痛みなどの症状を引き起こします。姿勢を変えて別の筋肉を使うことでしばらくはしのげますが、ある日、筋肉がこらえきれなくなると、本当に起き上がれなくなります。だから、その根本のところからお客様のケアを始めたい。私の手はセンサーのようなので、人の体に触れるとすぐに、その病気のもとがどこにあるか大体わかります。絶対に力づくでは施術しません。人体構造の原理をわかった上で、お客様の筋腱や靭帯をやさしく整える限り、痛みは自然に和らぎます。その後、さらに時間をかけてコンディショニングを行い、体の重心バランスが安定すれば、症状が改善することでしょう。重心バランスが自然な状態に戻るため、姿勢が正しくなり、体の動きを良くするのです。もちろん、回復は血液にいたるまで反映されなければなりません。血流が滞ると、そこに問題が生じます。多くの慢

4　山田栄一（やまだ・えいいち、中国名・韓剣明＝ハン・チエンミン／かん・けんめい）

性疾患は、動脈硬化など血管が閉塞することによって引き起こされるので、血流を良くし、体のバランスを整え、さらに運動療法を行うと、病気は自然に良くなります。整体師としての私の役割は、お客様が体を自然な状態に整えられるよう導くこと。この自然な状態とは私たちの体の自己治癒力がもっとも高い状態であり、そうした状態になれば体の不調はだんだん和らいでいきます。だから、症状を改善させるには施術をする側、受ける側がともに努力しなければなりません。これがつまり、自分自身のメンテナンスを私が手助けするということです」

山田式整体の特徴は、「中国医学の理念を手引きに、西洋医学の解剖学に基づき、力学バランスの原理を組み合わせて症状の改善をはかる。つまり三者を一つに統合し、体の自然治癒力を最大限に引き出す」ことである。ほかの整体師と違うのは、彼の目標が「お客様の痛みを和らげるだけでなく、病気を再発させず、長生きできるような回復へと導く」という点であることからもわかる。山田によると長年、彼のもとで体をメンテナンスし、健康維持に努めている顧客は何百人もいる。彼らは快復堂の「筋金入りのファン」だ。ある老夫婦はともに六十代から通い始め、今では八十歳を超えているが健康的に過ごしている。老夫婦には以前、「先生、どこにも行かないで。もし先生がいなくなったら、私たちはどうしたらいいか」と懇願されたこともあるという。

師の徳を刻み、恩を忘れない

山田は整体院のほかに、整体学校の「日本統合整体学院」を東京・笹塚本院内に開設し、二十年以上にわたって約百人もの弟子を育成してきた。中国のことわざに「弟子に教え込むと、師匠は飯の食い上げだ」とあるが、この点についてはどう考えるのか？

「弟子には最初から、私が持っているもののすべてを余すところなく教えています。もし弟子に教えて仕事を失うなら、それは師匠が努力不足だということ。これも師匠の徳の問題です。師匠であれば常に良い師匠になるべきで、良い師匠になりたいなら常に学ぶべきなのです。実際、どんな技能〔スキル〕であれ、入り込むほど難しくなり、学び続けなければなりません。師匠たるもの自分自身に限界を設けてはならず、俗世のしばりを超えて、新天地を切り開かなければならないからです。それでこそ初めて優秀な弟子を持つことができる。さもないと弟子は巣立っていっても何もできず、師匠のメンツも丸つぶれになる。喜ばしいことに、私の弟子の多くは卒業後、整体の仕事についています。それぞれ独立・開業し、家族を養うことができ、私も満足しています。これも山田式整体技術によって立脚できることの証です。彼らは今も私の施術法を踏襲しており、もっとレベルを高めたい、いつか師匠を超えたいと思うのなら、それは本当にうれしいことです」

彼が今、はまっている趣味はゴルフだという。ゴルフ歴は長くはないが、日中両国の愛好者のコンペ「中日友好杯ゴルフ大会」での優勝など、多くのトロフィーを獲得している。このインタビューを行ったとき、山田夫人もそばにいたので尋ねると「夫はよく夢でゴルフをしているみたい。隣で寝ているので、いつ起こされるかわからないんですよ」と笑みをこぼした。

インタビューが終盤にさしかかり、筆者はずっと聞きそびれていた問いを投げかけた。「あなたは中国人なのに、どうして〝山田栄一〟という日本名を付けたのですか?」。聞けば、そこには「恩返し」にまつわる感動的なエピソードがあった。

「来日した年、日本料理店でアルバイトをしていたのですが、そこに常連の眼科の先生がいました。私が目の病気にかかっていること、しかも苦学する在日留学生であることを知り、彼のクリニックに無料でいいから来るようにと勧めてくれたのです。それから私はこの思いやりにあふれた先生の名前――山田敏夫さん（視能訓練士、当時・視覚障害者ガイドボランティアサークル「風車」会長）が忘れられませんでした。のちに整体院を開業するとき、ある日本の友人が「仕事がやりやすくなるから日本名を付けよう！」と提案してくれ、脳裏には〝山田〟という二文字がすぐに浮かびました。〝栄一〟については以前、専門学校で授業を受けたとき、経営学の先生から日本近代の大実業家である渋沢栄一（一八四〇―一九三一）がいかに日本初の国立銀行を設立したか、聞いたことがありました。その話はとても印象的だった。私はそんな偉大な実業家には足元にも及びませんが、あこがれました。それに、私の妻の姓は〝栄（榮）〟と言います。こうして〝思いやり〟に〝実業〟、さらに〝家族愛〟を加えて〝山田栄一〟が生まれました。それは私の三十年余りの在日キャリアに寄り添うとともに、エンジニアから整体師へと一八〇度の変身を遂げさせてくれた、特別な名前なのです」

技術の精進を重ねたい

新型コロナウイルスの感染が拡大したが、山田の整体院は一度も休業することはなかった。というのも、整体院など「利用者が身体機能の維持を目的」とする施設は、各自治体による休業要請の対象外となったからだ。

これは理解に難くない。足腰の痛みや五十肩、椎間板ヘルニアなど、慢性的な痛みを抱える人たちは、整体師らにいつでも痛みを和らげてもらう必要があるからだ。さもなければ、彼らの不安やイライラが増し、心身の健康に影響を及ぼすかもしれない。この点からすれば、東京都はむしろ整体院の営業を奨励したといえるだろう。

「私の整体院に来る人の多くがこうしたタイプです。足腰が立たない人、首が回らない人、そして全身がだるい人などさまざまですが、いずれも痛みに耐えられず、症状の改善を求めて駆けつける人ばかりです。新型コロナが流行し、こうした人が増えたのに比べて、健康維持と定期的な体のメンテナンスのために通う常連客（過去に施術を受け、症状がほぼ改善した客）は少なくなった。全体から見れば、来客は以前の半分に減っています」

常連客の施術を通して、気がついたことがある。コロナの流行で長期間自宅にいるため、体の機能が一様に低下しているのである。彼の分析によればこうだ。これまでは毎日出勤や外出をしていたが、それがなくなり、体に不調をきたしている。中には自宅でだらだらし、座る姿勢に注意を払わない人もいるが、それが腰や肩の痛みを引き起こしている。さらに失業や収入減で精神的不安やストレスを抱える人もいる。それも体調が悪くなる原因となっている。

「こうした症状でやって来る人たちは、ウイルスに感染し発症する確率が高いといえます。私にとって、お客様の痛みを和らげ、できるだけ早く症状を改善させることが仕事であり、当然の責務です。もちろん私自身、感染から身を守った上で施術をすべきで、そのためにはより慎重に一人ひとりに当たらなければなりません。毎日、『戦々恐々として深淵に臨むがごとく薄氷を踏むがごとし』（『詩経』）といった心境ですよ。私たちは六十代ですから（山田と筆者はともに一九五〇年代生まれ）新型コロナに感染したら厄介です。お客様からうつるのではと心配するとともに、お客様も同様に心配しているかもしれない。だから安心して施術を受けてもらえるようにする必要があります。以前は毎日、朝から晩まで穏やかな気持ちで仕事をしていましたが、今はまったく違います。毎日くたくたに疲れます。言うまでもなく、こうした日々が数カ月続き、しかもまだ事態は収束していない。それでも、私の施術を受けて痛みが和らいだお客様が明るい笑顔を見せるとうれしいですし、施術をした甲斐があると感じます。そうした意味でこの間、毎日緊張していて疲れますが、充実しているとも言えるでしょう」

4　山田栄一（やまだ・えいいち、中国名・韓剣明＝ハン・チエンミン／かん・けんめい）

今回のコロナの流行は、さまざまな業種にとって大きな転機だといわれる。これについてどう思うか？

「私は医者ではありませんが、医者と同じことをしたいのです。つまり、病気によって引き起こされる痛みを和らげ、症状を改善させたい。それは薬や手術によるものではなく、私の独特な方法――素手による施術です！　病院で治せないような難病も含めて、私にはケアできるかもしれません。これは私の長年にわたる本業です。コロナの影響で仕事が続けられなくなり、転職する人もこの業界にはいるでしょう。ですが、そうしたことは私にはありえませんし、考えたこともない。この仕事をかたくなに続けていきます。専門技術の精進を重ね、仕事の質をより高め、お客様にもっと満足してもらいたいのです」

ヘルスケアの専門家として、ウイルス感染予防のための経験やアドバイスは？

「私は、一人ひとりが意識して感染予防に努める（衛生管理、手洗い、消毒、マスク着用、三密回避を徹底する）限り、ウイルス流行は必ず収束すると考えています。今、私たちにとって、ウイルスに感染せずにこの流行期を無事過ごすことができれば、それは幸運であり、勝利です！そのため当整体院では、厳密なウイルス感染予防策をとっています。来客にはマスク着用をお願いし、入り口では手洗いと二十秒の手指消毒をしてもらう。それから過去二週間にどこへ行ったか、発熱があったかなど、健康状態チェック表に記入してもらいます。少しでも熱があれば、整体をお断りしているのです。そして施術にあたっては、お客様も整体師もマスクを着用したままで外すことはありません。私が着用しているマスクは、飛沫防止の医療用フェイスシールド付きのマスクです。いずれもウイルス予防に効果的な対策だと考えています」

この間、何か、心に残った出来事は？

「まず日本政府についてです。政府は企業を〝国家発展の命綱〟と見なしているので、企業を支援するために多額の資金を投じました。中小企業に上限二百万円の持続化給付金が支給されたほか、二〇二〇年七月からは家賃支援給付金の申請がスタートし、私たちのような中小企業の経営者は本当に助かりました。こうした手厚い支援を受けて、今の仕事が続けられると信じています。そしてこの間、整体院に来てくれたお客様にも感謝しています。一人ひとりが感染予防に細心の注意を払い、いつも消毒スプレーを持っているだけでなく、私たちの要望にまじめに応えてくれました。お客様は入り口でマスクを着けて、整体院を出るまでそれをいっさい外しません。自分の感染予防をしているように見えますが、実際には施術する整体師――私を守っているのです。彼らには、私に感染させないことを安心してほしい

4　山田栄一（やまだ・えいいち、中国名・韓剣明＝ハン・チエンミン／かん・けんめい）

し、私も、彼らに感染させないことを安心してほしい。なんと感動的なインタラクティブ（相互作用）でしょうか！　心が温まる思いです」

第2章

美と技を極める

誠実さと勤勉さがビジネス成功の鍵
——中国製手袋を輸入販売して年商二十億の女性社長

5

蘭静秀

（ラン・チンスー／らん・せいしゅう）

輸入販売会社「株式会社蘭華《らんか》」社長

中国北京市生まれ。北京体育学院卒業後、北京対外経済貿易大学で教員を務める。1988年に来日し、日本体育大学大学院に進学。その後、縁あって日本の某老舗商社の正社員となり、総務部でお茶くみからトイレ掃除まで礼儀作法をきっちり学ぶ。事業部に異動後は、中国出張などで同社のビジネス開発に貢献。その後、周囲の理解と後押しもあり、1991年株式会社蘭華を設立。中国製滑り止め手袋の輸入販売を皮切りに、革手袋の市場に参入。豚革を使い、値ごろな中国製革手袋を日本で販売した第一人者となり、同社を年商約20億円の“成長企業”に発展させた。

入社して「トイレ掃除」から学ぶ

北京出身の蘭静秀は、中国を代表する体育大学の一つ、北京体育学院の運動学部新体操学科で学び、卒業後は同市内にある北京対外経済貿易大学に配属されて、女子学生に体育を教えていた。中国では一九七八年からの改革開放政策により、八〇年代には若者の間で外国留学ブームが巻き起こった。ご多分に漏れず彼女もブームに乗った一人で、最初はアメリカ留学を希望していたが、ビザ〔査証〕の申請は通らなかった。そこで日本への留学を決め、大学教員というキャリアも後押ししたのだろう、留学ビザはすぐに取得することができた。一九八八年十月に来日し、日本語学校で半年間日本語を勉強した後、日本体育大学の大学院に進学した。中国の体育大学を卒業し、大学で体育教員を務め、日本でスポーツマネジメントなどを学んだ彼女にとって、スポーツ関係のキャリアを積むことは当然の成りゆきのように思われた。しかし運命のいたずらか、同大学大学院に進学してまもなくの偶然の出会いは、彼女の進路をすっかり変えてしまったのである。

　蘭は一九九〇年五月にゴールデンウィークの連休を利用して、中国本土を旅行する台湾のクラスメートに同行した。上海虹橋空港では、悪天候のため広州行きのフライトが遅れるというアクシデントに見舞われた。待合室で座っていると、中国語のアナウンスがわからないので、あわてふためく何人かの日本人客が目に入った。心のやさしい彼女は、進んで状況を説明し、さらにその晩の宿泊ホテルのチェックインの手続きまでつきそった。翌日、彼らは同じフライトで広州に到着した。「良いことをするなら最後まで」という思いもあり、蘭は彼らを目的地である「広州交易会」〔中国最大級の見本市〕の会場まで送っていった。感謝してもしきれないといったようすの彼らは、別れ際にそれぞれ彼女に名刺を渡した。そのうちの一人は、日本のとある商社の部長だった。

　ゴールデンウィークが明け、蘭が日本に戻ると、あの部長からの留守電が残されていた。もうすぐ浅草の「三社祭」があるので、浅草を散策しながら会社に立ち寄ってほしい、とのことだった。招きに応じて訪問すると、部長がうやうやしく同僚たちに紹介し、中国ではずいぶん世話になったと礼を言った。

　そこは老舗の商社だった。主に鉄鋼、建材、化学製品、飼料、労働安全衛生保護具などを国内向けに販売していて、中国との取り引きもあるようだったが、なぜか中国語のできるスタッフはいなかった。その後、中国からの来客があると、彼女は呼ばれて接待の手伝いをした。社長にも「うちの社で働けないか」と尋ねられたが、日本体育大学の大学院生だった彼女は、週に一、二度来社して、通訳や中国語の手紙の翻訳などを手伝うことにした。しばらく働くと、社長からまた相談があった。今後、中国側とのビジネスが増えるかもしれず、彼女のような優秀な人材が必要なので「うちに就職してくれないか」とのことだった。彼女はすでに大学を卒業しており、是が非でも大学院を修了する必要はなかった。将来の生計を考えると、まず日本企業で働くことも良い選択だった。しかも専門の分野を変えれば、また新しいことが学べる。こうして蘭は社長直々のスカウトを受け入れ、大学院を中退して日本の商社の正社員になったのだった。

最初に配属されたのは総務部で、そこでは郵便物の受け取りと発送、お茶くみ、トイレ掃除など繁雑な仕事をすべてこなさなければならなかった。いずれもパッとしない仕事のようだが、彼女が多くを学んだのはこうした仕事からだった。

「入社したてのころ、私は何もわかりませんでした。初めてのトイレ掃除はたった五分で済ませてしまった。いっしょに働いていた六十代の先輩女性は、それを見るなり『これじゃダメだわ』と言って、手取り足取りトイレ掃除のやり方を一から教えてくれたのです。封筒に切手を貼るのもそうでした。郵便物が多かったので、切手を十枚いっぺんにスポンジにつけて各封筒に貼っていきました。はるかに早いのですが、切手は右に左に曲がっていた。中国人としてはどうこうなかったのですが、日本人の先輩は首を振って言いました。『封筒に貼る切手も、文書に押す社印も、必ずきちんとそろえなければなりません。会社のイメージを表しますからね』。私は恥ずかしく思うとともに、多くのことを教えてくれた先輩にとても感謝しています。来客へのお茶の出し方も一から学びました。またその会社では、礼儀作法の研修セミナーにも経費で行かせてくれました」

社員から経営者にステップアップ

入社当時の蘭静秀は、日本語に不慣れなため電話には出られなかった。だが、昼休みに交代制の電話番になったときは、逃げることができなかった。初めのころは受話器を取ると、「あれ？ 外国人が出た。かけ間違えた」と思われて、切られてしまうことが多かった。その後、電話をしてくる顧客らはしだいに彼女の声に慣れ、中国から来た女の子だとわかって新鮮味を覚えたようだ。電話口で中国のことを尋ねるなど、彼女と話すようになっていった。まだたどたどしい日本語だったが、蘭は限られた言葉でコミュニケーションを取ろうと懸命に努力した。そんな一途さが印象に残るようで、来社した顧客の多くが「蘭さんはいますか？　彼女に会いたい」と言うのだった。北京出身のこの女の子は、来社した顧客たちが必ず訪ねる〝人気者〟になっていった。

総務部では、少なからずのミスも犯した。Aに送る伝票を、誤ってBに送ったことも度々あった。それは彼女の大らかな性格が関係していたかもしれない。いずれにせよ、社長は彼女を呼んでこう言った。「総務部は合わないようだから、事業部へ行ってはどうかね。きみは話が上手で顧客にも人気があるし、わが社の看板娘でもある。しかも製造コストの削減という見地からしても日本は今後、中国で生産するものが増えるだろう。こうした動向をふまえてわれわれも率先して中国に進出し、情報を集め、〔中国側との〕新しい関係を築きたいと考えているんだよ」

事業部に異動した彼女は、しばしば同僚たちを率いて中国に出張し、彼らの中国理解と信頼を深めて、会社のビジネス開発に大きな貢献を果たした。幹部クラスは彼女の人となりと仕事能力を高く評価し、あるとき「もし独立して起業するアイデアと勇気があれば、必要なサポートと協力を惜しまない」と提案した。蘭は、独立・起業するなど考えたこともなかったが、日中経済貿易の発展により、中国ビジネスに最良の時期がくると感じていたことも事実だった。

周りの友人たちの励ましもあり、時宜《じぎ》を得た彼女は、ついに専門のスポーツとは異なるビジネスの道に足を踏み入れた。会社の社員から一躍、新会社の社長になったのである。

蘭静秀の「株式会社蘭華」は一九九一年八月、正式に設立された。新会社はできたが、どのようなビジネスを始めるのか？　前職の会社とは三つの取り決めをしていた。一に、前職の会社の顧客を引き抜いてはならない、二に、前職の会社と競業する事業活動はできない、三に、新しい事業活動を行う際に、前職の会社の得意先に失礼なことをしてはならない――というものだった。それまでビジネスの経験がなかった彼女にとって、どれだけ難しいスタートだったことだろう！

どこから手をつけていいか悩んでいたころ、遠く北陸地方にある工場から連絡が入った。一筋の光明が差し込んできたかのようだった。それは軍手を製造している会社で、てのひら部分に滑り止めのゴムや樹脂などを貼りつける技術の特許も持っていた。その技術は一九六〇年代に全国レベルの発明賞を受賞したほどだったという。

同社の社長は蘭静秀を探し出し、特許があと数年で失効してしまうこと、製造機械が古くなり、労働者たちも高齢化したことを伝えた上で、特許とともにそれらの機械を中国に持ち込むことができるかどうか尋ねた。一般的に日本の機械の寿命は二十五年といわれているが、その機械は二十年ほど使っていた。社長はそれをオーバーホールして、さらに十年使えるようにすると保証した。当初は一台百万円以上かかったが、今なら一台五万円で売ってもいい。製造技術を教えるし、何かあればいつでもサポートすると約束したのだ。

蘭にとって、それは間違いなく「棚からぼたもち」の好条件だったが、先方の申し出により一台五万円の機械を百台以上買わなければならず、そんな多額の資金はどこにもなかった。彼女の困ったようすを見た社長は、それならと言って「すぐに支払う必要はない。先に機械を中国に持ち込んで生産し、製品ができたらそれを安く（自分に）売ってくれ。安くした分で、機械の代金と相殺しよう」と提案した。

好条件がそろい、蘭静秀は社長の申し出に同意した。製造機械一式は、中国東部沿海地域にある江蘇省紡織品（繊維製品）輸出入公司を通じて同省蘇州市張家港の手袋工場に輸送し、滑り止め手袋（軍手）の生産をスタートした。事業は立ち上げから好調で、初年度の売上高は五千万円（利益率二〇%）に達したという。

創業後の悲喜こもごも

蘭静秀は、滑り止め手袋の製造・加工・卸売りを通じて、設備投資の借入れを返済しただけでなく、一定のまとまった資金を蓄積した。さらに新しい分野を開拓しはじめ、革手袋の市場に参入した。それまで日本の革手袋はほとんどが牛革で作られていて、高品質かつ高価な日本製が普及していた。そんなあるとき、「中国でもっと安い革手袋が作れないか」と持ちかけてきた顧客があった。当時、中国の人件費は日本と比べて安く、牛革を豚革に換えれば、大幅にコストカットできそうだった。そこで、このビジネスは試してみる価値があると考えた。まず、原材料となる豚皮を調査することから始めた。中国で豚皮のなめし革工場を探すために、山を越え、川を渡り、全国各地を視察した。その結果、豚皮は中国のいたるところにあり、しかも価格が非常に安いことがわかった。中国人の多くは食肉の中でもとくに豚肉が好きで、そのため養豚場も豚の頭数も多く、豚の皮も豊富にあったのである。

中国南部の広西チワン族自治区で見つけた皮革会社の豚革を見てみると、日本製の柔らかい牛革とは比べ物にならないほど品質は落ちた。これでは手袋にならないと考えた蘭は、顧客を通じて日本から皮革製造の専門家を招いた。専門家によると、豚皮はなめしの過程で化学薬品を加えれば柔らかくすることができるという。蘭はさっそくその薬品を日本から輸入して、広西の皮革会社の工場でテストした。案の定、専門家が言ったように豚革の質は大いに改善され、その柔らかさは牛革とほとんど変わらないほどであった。しかも価格は、牛革の三分の一という安さ。蘭は誇らしげに振り返る。「日本ではそれまで、手袋を作るのに豚革はめったに使われませんでした。まさに突破口だったのです。以来、日本の革手袋の価格は安くなりました。それは私が中国でかかわった開拓と、切り離せないものだといえるでしょう」

原材料の問題が解決してから蘭静秀は広西の皮革会社と、メーカーとなる豚革手袋製造工場を共同で設立した。工場は日本の縫製技術を取り入れており、製品はすべて日本市場で販売された。彼女は日本の豚皮なめし技術と革手袋の縫製技術を中国に導入し、逆に中国から輸入した中国製革手袋を日本で販売した第一人者であるといえる。現在、日本の手袋販売業界で「蘭静秀」の名前を知らない人はほとんどおらず、その評判も高いという。

革手袋ビジネスの開発により、株式会社蘭華はめざましい発展をとげた。彼女に日本市場

蘭静秀は日本で中国製革手袋を販売する第一人者だ

でのシェアを尋ねると、こう説明してくれた。「蘭華の革手袋の多くは、販売業者を通じて大手のスーパーマーケットやデパートに配送されていて、シェアは最も高いときで約五〇％を占めました。現在でも蘭華の年間売上高は二十億円近くになります（日本における革手袋の年間売上規模は百億円超）」

革手袋には豚革、牛革、羊革などさまざまな種類があるが、蘭華では現在そのすべてを取り扱っている。同時に中国ではさまざまな種類の労働保護手袋（ゴム手袋、工業用手袋、塩化ビニール滑り止め手袋など）の生産を続け、それを日本に輸入して販売している。彼女によれば、これまでに蘭華が取り扱った手袋の種類は、ざっと数千種を数える。手袋はたいていが消耗品であるため、市場競争は熾烈さをきわめている。時代の変化に伴い、生産モデルも変化しているため、絶えずブランド等のモデルチェンジをしてこそ不敗の地に立つことができるのだという。

約三十年にわたるビジネスの道にあって蘭静秀はまじめに働き、成功を目指して一歩一歩、着実に歩んできた。しかしその背後には、苦難の日々もあったという。

「会社を設立し、手袋の製造・加工を中国の工場に委託しはじめたころの数年は、私が経験不足だったこと、そして当時の工場の製造・管理レベルが低かったこともあって、中国から送られてきた貨物にはしばしば多くの手違いや不良品がありました。それは本当に苦痛でした。どうやって顧客に説明しよう。まだお金を稼いでいないのに損害賠償を請求されたらどうしようと。さらに資金不足の問題もありました。生産を続けるには、原材料の仕入れ資金が必要です。でも日本の銀行は、業績のない会社に融資してくれません。顧客も最初は信用してくれない。『ビジネスのド素人は、何かをやればミスを犯すし、周りにはサポートしてくれるプロもいない。どうして安心してあなたと合作〔提携〕できますか？』と見られるのです。創業当初、私にとって最大のハードルは日本人が信用してくれないことでした」

では、そうした問題をいかに解決し、顧客の信頼を得てきたのか？

「不良品が見つかれば、私はすぐに詫びを入れにいき、誠意を込めてトラブルの処理にあたりました。そうすれば顧客は変わらず対応してくれます。この人には誠実さがあり、一生懸命努力していると見るからです。顧客は将来の合作のためにその人を見捨てることなく、助けてくれることも多いようです。実際、ある親切な顧客が教えてくれました。『日本では、何かトラブルが起きたとしても大丈夫。顧客には誠心誠意おわびをし、ともに解決策を見つけるのです。損失を被ることもありますが、いずれ損失額を回収するために助けてくれることもあるでしょう』。そこが日本の愛すべきところだと思います。以来、私はそのアドバイスに従って、多くの問題を解決しました」

製品の質を改良しつつ不良品を出さないように、蘭静秀は努力を惜しまず取り組んだ。例えば、滑り止め手袋の小さなドットが脱落する、白い手袋が汚れる、ニット手袋の中に折れた針が入り込む……といったトラブルが発生すると、彼女はただちに顧客に謝罪するとともに、品質事故の原因を詳しく調べた。また日本の同じような工場を訪れて指導を仰ぎ、事故を未然に防ぐための方法をチェックして、日本の優れた経験とシステムを中国に取り入れるようにした。蘭と中国工場の努力により、「メイド・イン・チャイナ」の生産環境と品質ははるかに改善されていった。

謙虚さと感謝の心を忘れない

時代が移り変わり、社会が発展するにつれて、中国でも日本でも満足のいくこともあれば、不満を覚えることもある。これについては蘭自身、思うところがあるという。

「二十年以上前、中国で合作について商談したとき、中国人はけっこう単純で正直だと感じました。当時、中国で工場をつくる人は多くなかったので、現場では利益があれば喜んでやりましたし、海外の顧客に対しても友好的でした。でも今は違います。中国のメーカーは『手作業は収益が少なすぎるし、遅すぎる』と感じていて、目の前の利益を急ぐようになりました。それはもちろん需要と供給、景気の良し悪しによるものです。中国製品は今、日本では価格競争と戦っています。かつての日本は厳しい管理のもと、良質な製品を海外でつくっていましたが、今では少しくらい欠陥があってもそれほど追及しなくなりました。価格が安くて売りやすければ、それで収益が上がるのです。理由は簡単です。以前〔製品の〕価格が高いときは、メーカーに払う費用〔人件費や原材料費、設備費用など〕も高かった。メーカーが手抜きをする必要はなかったのです。でも今では価格が安くなり、メーカーへの支払いも抑えられるため、現場は手抜きをするようになった。日本でも同じような問題が出ています。かつて日本人は、軍手のような安物の製造であれ、どんなものであれ、完璧を求めて努力しましたが、そうした優れた職人技は今では多くが失われました。それとともに、人と人との関係も変わりつつあります。以前にはあった『どこかに困難があれば、四方八方から支援がくる』という雰囲気は薄らいでいます。でもうれしいことに当社では、創業以来のお得意様とは今でも良い関係を続けています。私にとって、長年にわたり築き上げてきた信頼と友情は、会社の利益を上げることより重要なのです」

蘭静秀は率直な性格だ。日中間の歴史認識の問題もあるだろう。来日したばかりのころは日本があまり好きになれず、なじめなかったが、日本社会を理解するにつれて彼女はここが、とりわけ会社の所在地である東京の下町・浅草の「浅草寺」のあるエリアが気に入り、さらには感謝の念を抱いている。

「浅草寺の一帯は、よそ者が入るのは難しいとされています。ここに住んでいる人の多くは個人商店を営んでいて、伝統的な商いをしており、ほとんどが強い個性を持っています。ここに入り込むのは難しいのですが、いったん気に入られると、とても近しい関係になるのです。三十年ほど前に初めて来たとき、『中国人が何しに来た?』とでも言うような目で見られました。でも、つきあううちに私のことを理解してくれ、しだいに受け入れてくれたのです。今では、会社の近所の古くからの住民たちとは、おなじみさんになりました。私のことを気に入ってくれたようで、良いおつきあいをしています。心の底から浅草寺の一帯と、この地元の人たちに感謝しています。私に多くの福音をもたらしてくれたからです」

具体的には、どうやって地元の人に受け入れてもらえたのだろう?

「まず、どこへ行っても何をするにも、正直でなければなりません。そこでのルールを守るのです。ゴミ捨ては必ず規則にしたがう。浅草の人は上下関係にこだわるので、とくに来たばかりのころは謙虚にしなければならない、など。そして周りの住民、店舗、自治会や町内会との関係を円滑にしなければなりません。例えば、こちらから進んであいさつに行く。催しがあるときは町内会にいくらか寄付する。会社の隣のレストランを宴席によく使う。いつも近くの花屋で生花を買う。会社のサンプルを寸志代わりに近所の人に試してもらう、などです。これらは大したことではありません。いつも気を遣っていれば、周りの人たちは好意的につきあってくれるし、何かあれば助けてくれる。地元の銀行との関係も同じです。当社は創業して三十年来、一度も赤字を出したことがありません。つねに〝模範納税者〟なので、銀行の信用格付けの評価はかなり高いんですよ」

周囲との良い関係を保つだけでなく、困っている人たちに手を差し伸べて社会に還元することも忘れない。二〇〇八年の四川大地震でも、二〇一一年の東日本大震災でも、彼女は惜しみなく義援金や物資を寄付した。被災地にそれぞれ寄付した大量の手袋とマスクは、災害救助の現場で大きな役割を果たしたという。

近年、彼女は仕事の多くを社員に任せ、一年の約半分を海外で過ごしている。アメリカに留学中の二人の子どもに会いにいくほか、旅行中に海外市場のようすを見て回るのだ。また、子どもたちと数カ国の発展途上国をめぐり、貧しい子どもたちを支援するボランティアをしたり、寄付をしたりと公益活動にかかわっている。

ところで、日本の企業は創業百年を超える老舗企業が多いものの、大半を占めるのはやはり〝短命〟の企業である。一般的に企業の寿命は、第一世代が二十〜三十年。その後、第二世代に引き継がれるが、第三世代はうまくいかないことが多い。つまり、第一世代はもっとも繁栄し、第二世代は坂を下りはじめ、第三世代は倒産の憂き目を見ることが多いとされる。

蘭静秀の会社・蘭華は創業三十年を迎え、ちょうど転換期に入ったところだ。この三十年間は彼女にしてみれば、計り知れない苦労はしたが、大きな成果も上げてきた。会社は今後どのような発展を遂げ、そのビジネスはいかに繁栄していくか？　それは蘭にとって、さしあたっての最大の課題だ。彼女の奮闘の物語は続いていく。

まじめにビジネスに打ち込む

新型コロナウイルスの感染拡大後、蘭静秀の会社・蘭華は休業をするどころか、以前より忙しくなった。これまでの輸入販売業務の上に、マスクの寄付活動が加わり、猫の手も借りたいほどだった。

蘭華は手袋ビジネスを主としているが、労働安全衛生保護具の輸入もしている。例えば、食品加工工場の従業員が着けるマスクや工事現場で塗装工が着る不織布防護服、多目的の使い捨て手袋などの輸入で、いずれも会社の付帯事業としての位置づけだった。一般的には日常あまり使われないものばかりだが、こうした保護具がコロナウイルスの影響により、感染予防の人気グッズとなっている。蘭華の得意先は「注文を倍にしたい」と望んできたし、多

東京・浅草のシンボル「雷門」のそばに、自社ビルを構える

くの新規顧客も注文に訪れて、社員たちは目が回るほどの忙しさだった。感染予防のため、社員には休暇を取るよう勧めているが、なお半数以上の社員が毎日出勤しているという。

「当初こうしたグッズの需要が急増しましたが、感染拡大に伴い、中国のメーカーが一時操業を停止したため在庫が底をつきました。例えばマスク。メーカーから届かなくなり、逆に日本のマスクをたくさん送ったほどでした。それから中国に続いて日本での流行が深刻化しはじめたので、中国製マスクの在庫を日本の各団体・組織へ寄付するようになり、数日のうちに数万枚のマスクがカラになりました。中国のメーカーが二〇二〇年三月から操業を再開したので、それにつれて再び輸入を始めました。最初は、得意先への従来通りの納品が確保できましたが、増加分や新規の注文には対応できなかった。また、メーカーの生産・供給が再開しても、仕入れ値は以前の数倍にハネ上がりました。こうしてうちの利益は減りましたが、これまでのビジネスが再開できるのはラッキーなことでしょう。二〇二〇年の売上高から見れば、前年とあまり変わりがありません。コロナの影響下にあって社員が努力したことを表彰するため、六月には例年通りボーナスを出しました。前年よりかなり奮発しましたよ」

近年は仕事の多くを社員に任せ、1年の約半分は海外で旅行をしたり、ボランティアをしたりと充実した日々を送る（写真提供：蘭静秀）

蘭の会社は、東京・浅草のシンボル「雷門」のそばにある。この辺りは、新型コロナの流行前は外国人観光客の人気スポットの一つであり、毎日大勢の人たちでにぎわっていた。しかし今では観光客がいなくなり、すっかり閑古鳥が鳴いている。蘭は感慨深く語る。「コロナ以前は、多くの中国人投資家が日本の観光市場に期待していた。浅草エリアに絞って、民宿の建設に投資したいと考えていたのです。その結果、この辺りの地価は二倍に急騰していました。最近は、民宿を建てるために古い家屋を解体した空き地をよく見かけます。金持ちになるという投資家の夢が、冷酷なコロナの流行によって打ち砕かれたのです。何とも悲しいことです」

新型コロナの〝洗礼〟を受けて、彼女は将来の展望をこう新たにしたという。

「将来的には、もっと稼ごうと新しいビジネスを展開するつもりはありません。まじめに今のビジネスに打ち込み、あらゆる顧客を大事にし、誰にも迷惑をかけず、自分の体の健康を保つこと。これこそがもっとも確かなビジネスであり、堅実な人生だと思います」

本場中国式リフレクソロジー専門店を展開
——夫と二人三脚で、仕事に打ち込み、技術を磨く

6

邵麗莉

（シャオ・リーリー／しょう・りり）

自然免疫・腸内フローラ研究者

1982年、中国黒竜江省ハルビン市生まれ。ハルビン師範学校（現ハルビン師範大学）を卒業し、小学校で美術教師を務めたのち2001年4月に来日。東京都内でのアルバイトをきっかけに2003年、夫の包強とともに本場中国式リフレクソロジー専門店「足壺健香庵」を銀座にオープン。本格的な「足ツボ療法」で人気を博し、2020年末時点で都内と近郊に4店舗を経営している。本書の邵師は実の弟。

プロローグ

一九八〇年四月下旬のある日、中国東北部の中心都市・ハルビンで政府機関のガス供給センターが火災を起こし、ガス爆発が発生。八人の従業員が負傷した。もっとも重傷を負ったのが、まだ二十四歳とうら若い、負傷者の中でただ一人の女性だった。この美しく聡明な女性は、事故発生の前日、恋人を家に招いて家族とともに食事をし、将来の結婚について話し合っていたのだった。

知らせを聞いて病院に駆けつけた恋人は、ベッドに横たわる彼女を見て、胸が張り裂ける思いだった。両目だけを残して、頭からつま先に至るまで全身ガーゼと包帯で覆われていたからだ。あの美しい彼女が、どうして急にこんな姿になってしまったのか。大声で泣き叫びたかったが、グッとこらえ、そっと静かに名前を呼んだ。目を開けた彼女は、ガーゼで覆われた手を上げるとやさしく彼の手をなでた。その目からはポロポロと涙があふれた。

このときから彼は、食事のサポートのために毎日病院へと通った。しかも自分の安月給をすべて彼女の滋養のためにつぎ込んだ。二カ月後、彼女は集中治療室から一般病棟へ移ることができたが、数次にわたる皮膚移植の失敗により顔にやけどの跡が残り、両手はしっかりと伸ばすことができなくなった。そして恋人との関係を考えはじめた。彼はまだ二十五歳。人生にはまだ長い道のりがあり、その青春を自分のために葬ることはできないと。

ある日、彼が食事を食べさせようとしたとき、彼女は首を横にふって言った。「志軍（邵志《シャオチー》軍《チュン》）、私たちはまだ新婚生活を始めていないわ。私は障害者になってしまった。これ以上、あなたに厄介をかけるわけにはいかない。私たち、もう終わりにしましょう！」。彼女が心の中で泣いていたことがわかった。

「金香（劉金香《リウチンシアン》）、ばかなことを考えないで。元気を出して。ぼくらは離れられないよ」

実際、彼女が負傷してから「もうあきらめたほうがいい。でないと将来、後悔するぞ」と忠告する人がいたが、彼は動揺しなかった。そして自分にこう問い返した。「ぼくと彼女が逆の立場で、ぼくが見捨てられたとしたら、どう思うだろう?」

恋人の献身的で一途な愛は、彼女の心に希望の光をともした。一九八一年五月十二日、二人はついに結婚式を迎えた。参加者はみな彼らの真心の愛に感動し、涙を流して、その愛の花が一日も早く実を結ぶようにと祈ったのだった。

一年後、娘が生まれ、邵麗莉と名付けられた。その四年後に息子が生まれ、邵帥《シャオショアイ》と命名された。二人の姉弟は高校を卒業したのち故郷を離れ、ともに日本へとやってきた。以下は、彼らの異国における知られざる奮闘記である。

特殊な境遇が強くさせた

日本のことわざにあるように、まさしく「苦は楽の種」だ。邵麗莉の両親は恋人時代に大きな災難に見舞われたが、それを乗り越えて結婚し、やがてかわいらしい女の子が生まれた。まるで神様がこのカップルに白羽の矢を立て、先に苦難を与えてから、のちに幸福の種をまいたかのようだった。

麗莉の誕生は、この小さな家族には宝物を手にしたような喜びだったが、彼女の境遇は決して幸せとはいえなかった。母親に障害が残り、父親は働く一方で、しばしば遠い上海の病院に通う妻に付き添わなければならなかった。二人とも娘にかまう余裕はなく、麗莉は小学校に上がる前はほとんど寄宿舎で生活するか、母方のおばあさん、またはおばさんの家で過ごした。麗莉にとって、家庭の温もりに包まれることは贅沢な望みだった。
「小学生になったばかりのころ、手が不自由な母には、三つ編みを編んでもらえませんでした。父にやってもらうしかなく、結局三つ編みはバラバラになってしまった。学校に行くと先生は見ていられなかったのでしょう、三つ編みをもういっぺん編み直してくれました。こうした特殊な環境で、私はふつうの家の子よりも早く、自分の身のまわりのことができなければならなかった」

邵麗莉は小学生のころから自分のことだけでなく、のちに生まれた弟の面倒までみるという責任を負った。家では父と母の良いヘルパーであり、学校では各科目が良くできる模範的な生徒だった。麗莉の母親は、子どもの興味や能力を伸ばすことをとくに重視した。まるで若いころにしたくてもできなかったことを、二人の子に托すかのようだった。

麗莉はまず母親に連れられて小学校の美術モデルクラスに入った。中学に入り、卒業後はハルビン師範学校（現ハルビン師範大学）の美術学部に進学。卒業してから、当時の就業分配制度により、農村の小学校での美術教師の仕事についた。

麗莉がなぜ来日したかについては、隣近所のお姉さんのことから話さなければならない。お姉さんは親戚が日本にいたので、日本に留学するつもりだった。その影響から、麗莉は日本のアートデザインに興味を持ち、日本でアートを学びたいという夢を持った。母親はそうした娘の夢を尊重し、惜しげもなく自分の不動産を売却して留学費用にあてたのだった。

縁あれば千里あれども出会う

こうして邵麗莉は、十九歳になったばかりの二〇〇一年四月に来日した。その後、日本語学校で八カ月間学んだだけで、日本語能力試験の最高レベルである一級に合格するという優秀さを発揮した。日本で最初のアルバイトとなったのが、東京・錦糸町のリラクゼーションサロンで足ツボを押す仕事だった。じつは来日する前、母親の劉金香は娘が日本でも働けるようにと、いくつかのスキルを学ばせていた。その中の一つに中国医学の専門校、中医学院で習得した足ツボマッサージがあったのだ。

麗莉はリラクゼーションサロンに面接に行った初めての日のことを、こう振り返る。

「玄関のドアを開けると、若い男性がちょうど壁紙を貼っているところでした。彼はロングヘアで、鄭伊健《イーキンチェン》〔中国の俳優〕にちょっと似ていた。その店の経営者の一人でした。それから彼についてリラクゼーション関係の日本語といくつかの施術テクニックを学び、数日後には持ち場につきました。毎日いっしょに働き、食事をするうちに気の合うパートナーになり、結局私たちは夫婦になったのです」

筆者が彼女にインタビューをしていると、夫の包強《パオチアン》もやってきた。見るからにバリバリ仕事をこなしそうな、やり手タイプの若者だ。彼は笑いながら言った。「中国のことわざに『縁あれば千里あれども出会う』とありますが、ぼくたちはまさにそれです！」

包強は邵麗莉より四つ年上。一九九八年に中国東北地方の大連から来日し、最初は彼も日本語学校で学びながらリラクゼーションサロンでのアルバイトをした。というのも親戚の一人が大連で足ツボマッサージ店（日本のリラクゼーションサロンに相当）を開いていて、来日前に手伝っていたことがあったからだ。それで来日してから、リラクゼーションサロンを探してバイト先にしたのである。彼の施術は評判が良く、予約客が殺到したため、学校で勉強する時間のほかはすべて施術の仕事にあてた。毎日深夜まで働き、月収は四十～五十万円になった。学費を払っても余裕があったので、貯めたお金（約百万円）を数人の友人たちとの共同出資にあて、二〇〇一年に錦糸町にリラクゼーションサロンを開いた。それが、邵麗莉と「千里あれども出会う」ことになった、あの店だった。

共同出資した三人のパートナーのうち、包強だけが一人仕事に専念した。麗莉が加わってからは二人で懸命に働いたが、利益はさほど多くなく、パートナーへの配当もしなければならなかった。このままでは立ち行かなくなると包強たちは話し合い、共同出資のパートナー関係を解消し、店舗は売却することにした。

銀座に念願の店をオープン

邵麗莉と包強は独立開業をしようと考え、新店舗の場所を探しはじめた。最初に、日本有数の繁華街である銀座がいいと見込んだのは彼女だった。しかし銀座に来てみると、無数のビルが林立しているにもかかわらず、店を開くのに理想的な物件は見つからなかった。それでもがんこな麗莉は、どうしてもここに店を開きたいと意地を張った。当時の妻の様子を、包強はこう振り返る。「彼女は松屋（老舗百貨店、松屋銀座）の向かいの縁石に座って、一歩も動こうとしなかった。しかも『ここに店を開く！　必ず開く！』とずっとつぶやいていたんです」

夫の包強と「足壺健香庵」を銀座にオープンした

　邵麗莉のこだわりが功を奏したのか、ついに転機が訪れた。銀座から帰宅した二人は、さっそく不動産広告が掲載されている日本の中国語新聞を開いた。すると東京・神田の足ツボマッサージ店で「マッサージでがんを治すことができる」とうたう北京出身者の広告が、包強の目にとまった。そこで神田の店を訪問し、その北京人と話すうちに、銀座にある店を譲渡する予定だという朗報を得たのである。広さ約二十平方メートルの店で、賃借権の譲渡価格は百五十万円だった。当時二人にそんな大金はなかったので、ローン契約を結び、ひとまず二十万円を支払ってから残りは働きながら返済していくことにした。

　店の名は「足壺健香庵《あしつぼけんこうあん》」。麗莉がおもに経営を担当した。彼女はビジネスの経験はなかったが、経営者に欠かせないとされるＩＱとＥＱの能力に優れていたこと、さらに持ち前のがんばりの精神もあり、オープンしてから一年足らずで経営は軌道に乗りはじめた。収入もしだいに安定し、毎月の家賃と借金返済を除いても純利益は三十〜四十万円に達していった。

「銀座にオープンしたばかりのころ、周りの人の目がどこか冷たいと感じました。後になってわかったのですが、店を譲渡したあの北京人は、オーナー〔大家〕や周りの店との関係があまり良くなかった。私が行くと、また中国人が来たかとばかり、けげんそうな顔をするのです。それで少しずつ実際の行動でわかってもらうしかなく、会えば進んであいさつしました。食事は下のレストランで取り、ヘアカットは隣の美容院へ行き、よく世間話をしては歩み寄っていったのです。するとだんだん私を見る目が変わり、会えばあいさつしてくれるようになりました。うちの最初のお客様になったのが、隣近所のおじさん、おばさんだったのです」

こうして周りの人に親切な応対をしたほか、支出についても細心の注意を払った。店の前に置くための看板やチラシは、いずれも自らデザインして制作した。初めは資金不足でレジすら買えなかったので、領収書はすべて手書きにした。そしてそれを収入の記録としたほか、利用客が十五日以内に再来店した場合、前回の手書きの領収書を提示すれば、五％割り引くというサービスをした。

顧客サービスは、さらに工夫を凝らした。

「うちの店はとても狭くて、施術室にベッドを三台置いたらいっぱいです。最初は足ツボを押すくらいでしたが、お客様にもっとくつろいでもらうため、小さなティーテーブルを設けました。温かな中国茶でもてなすのです。さらに顧客一人ひとりの情報を記録しているので、来店されたらすぐに名前を呼ぶことができます。こうした気配りは、お客様に家庭的なぬくもりを感じてもらいたいから。疲労を和らげるだけでなく、気分的にもリラックスしてもらいたいのです」。邵麗莉はそう語る。

自助と友情で難関を越える

オープンから一年。「足壺健香庵」の経営が上向きになってきたころ、やっかいな問題が発生した。店舗の賃貸期限となり、契約を更新するときに日本人のオーナーがそれを拒んだのである。理由は、以前のテナントがオーナーとうまくいっていなかったから。オーナーはそれを恨んでいるようだった。今では隣人たちとの関係もよくなり、オーナーとの間も彼らがとりなしてくれたのだが、年配のオーナーはがんこだった。何をいっても聞く耳を持たず、中国人に物件を貸すこと自体を拒否したのだ。麗莉はやむなくその月末までに転出しなければならず、大打撃をこうむった。このとき、ある有名な女性誌から「取材をしたい」という電話を受けた。めったにない宣伝のチャンスだったが、数日後には店舗がなくなるため、断るしかなかった。取材を受ければ多くの人に迷惑をかけると思ったからだ。

これからどうするか。それは邵麗莉・包強夫妻がぶつかった深刻な問題だった。引き続き銀座の物件を探すか、適当なところが見つかるか、もし見つかったとしても気に入るかどうか、まず必要となる多額の頭金はどうやって工面するか？

天は自ら助くる者を助く。二人は心の中で叫んでいた。「あきらめられるわけがない！まずは行動しなければ！」

邵麗莉はインターネットで銀座エリアの賃貸情報についてリサーチを始めた。包強は彼の大学の先生に資金援助を求めた。そうこうするうちに、麗莉はネット上で銀座三丁目の美容院が閉店したため、空室を貸し出しているという情報を見つけた。場所や広さからしても、かなり理想的だった。家賃は毎月四十万円。さらに家賃十二カ月分の保証金とリニューアル費用六百万円で、合計一千万円以上になった。

それでも「なぜか私たちが困っているとき、いつも誰かが救いの手を差し伸べてくれるんです」。麗莉の話によれば、包強が助けを求めた先生が六百万円を工面してくれ、気前よく貸してくれたのだという。

こうして麗莉の「足壺健香庵」は閉店から二カ月後、東京・銀座に再びお目見えしたのだった（のちにここは拡大した五店舗の旗艦店となった）。麗莉は新しい銀座店のリニューアルオープン前に、以前の顧客すべてに招待状を出した。さらに新店舗は以前よりも広くなったので、小さな施術室を五つ設け、静かでエレガントな喫茶スペースもあしらった。リフレクソロジスト（施術を行う技術者）も、麗莉と包強を含めて五人に増やした。

リラクゼーションサロンの魅力

「足壺健香庵」には得意客が次々とやってきて、ボランティアの宣伝スタッフになってくれた。邵麗莉によれば、銀座旗艦店をオープンしてから十数年。この間、一度も外部に広告を出したことはないが、それでもお客は口コミを頼りに引きも切らずやって来た。日本のメディアもうわさを聞きつけ、評判を高めてくれた。これまでに受けた日本のメディア（テレビ、ラジオ、雑誌など）の取材は、合わせて百回を超えるという。

邵麗莉は振り返る。以前、あるテレビ局が健康番組で彼女のインタビューを生中継したのだが、わずか三十秒足らずで予約電話が殺到し、応じられなくなってしまった。また、しばらく店には五人のリフレクソロジストがいた。一日に一人あたり八人のお客に施術をし、それぞれに百分（足ツボ五十分、全身三十分、頭部二十分）という時間をかけた。一人終わればまた一人と休憩するヒマもなく、お客が足湯につかっているときだけ控え室でパンをかじって、どうにか空腹をしのいだほどだ。いつも予約は一カ月先までいっぱいで、「満員御礼。キャンセル待ちになりますのでご了承ください」というプレートをドアの前に掛けなければならなかった。

なぜ、この店が日本人をそれほどまでに魅了するのか？　ある顧客が情報サイトで紹介した体験記から、もしかするとその答えが見つかるかもしれない。

——どっぷり疲れてるけど、ゆっくりマッサージに行く時間もない！　という緊急事態のときに私が駆け込む場所があります。それが、『足壺健香庵』。ここは、通い始めて早十年。

もともと、ある雑誌の編集者に「すごくいいマッサージの店がある」と聞いて連れて行ってもらったのですが、そこから一気にハマりました。

じつは、私は約二年間上海に住んでいて、中国本場のマッサージ店は五十店以上行きましたが、結局日本にあるココが一番上手だと思います。今回は、このお店の全貌をご紹介。

まず、店内に入ると中国王朝時代を思わせるインテリアの中に、漢方の甘い香りがふわっと広がってまさに別世界。社長のこだわりで、ドアから調度品、ベッド、スリッパまですべて中国で買いつけてきたもの。ここで、すでに本場の雰囲気が味わえます。

次に、その時々で内容の変わる美味しい中国茶をいただきながら、カウンセリングとメニュー選び。オリジナルの施術着に着替えたら、漢方入りのお湯で足浴をします。

うれしいのが、この間も肩から腰までをマッサージしてもらえること。一分一秒の時間もムダにしません。そして、女性ホルモン活性や疲労回復など四種類の中から好みで漢方クリームを選び、それを使ってマッサージ開始。

ベッドに横になって施術が始まった瞬間、最初はものすごく痛みます。これは全く隠さずに書きますが、最初は悲鳴を上げるほど痛いです。疲れている部分や弱っている部分はとくに絶叫の痛み。

でも、施術者の方はその手を緩めようとしません……。ただ、ガマンして数分たつとそれがじわじわと快楽に変わっていくんです。全身のホルモンが活性化されていくような、そのときの至福感と言ったら！

そして、終わったあとの爽快感はすごいです。どのマッサージ店でも得られないくらいカラダ全体がスッキリして、足のむくみもスッキリとれて美脚効果まで！　帰りは靴がゆるゆるです。

痛いのを思い出すと、ハーッとため息がでますが、その後の気持ちよさと、一週間は続くカラダの快適さを考えると、また予約の電話をかけてしまいます……、と周りのファンはみんな言っています。

この病み付きマッサージ、痛いのを覚悟でぜひ体験してみてください。クセになるはずです！――（「ウーマンエキサイト」より）

「先生」の呼び名に恥じない

邵麗莉は施術とその「痛み」について、こう説明する。

「当店の施術は、たとえお客様が痛さのあまり泣き叫んでも、ベッドから転がり落ちても、ぜったいに手を緩めません。それでも痛いからといって来なくなった方はいません。もちろん、初めて来店された方には、本場中国式の足ツボ療法とは何か、なぜそれが痛いのかを説明します。人の体の器官や内臓は、いずれも足の裏に対応する『反射区』（全身の器官や内臓につながるとされる末梢神経の集中した場所のことで、足裏に集中している）があります。そこをもんだり、押したりする『痛み』の刺激によって、臓器の機能を改善し、血液循環を促し、新陳代謝を高めます。足ツボ反射療法を定期的に受けることで、疲労を和らげるだけでなく、体質改善や免疫機能の向上、病気の予防にも効果があるのです」

「足壺健香庵」には暗黙のルールがある。つまり、お客がみなリフレクソロジストを「先生」と呼ぶことだ。なぜ、ほかの店では「マッサージ師」「リフレクソロジスト」などと呼

邵麗莉と包強（左から2人目）、スタッフたちと（写真提供：邵麗莉）

ばれるのに、ここでは「先生」なのだろう。それは、この店が長年にわたり、ハイレベルの施術を追求してきたからに違いない。

　包強は言う。「来店されるお客様はみな、私たちを『先生』と呼びます。こちらから頼んだわけではなく、心から出てくるものなのでしょう。施術を体験して、リフレクソロジストのレベルが高く、言うことにも説得力があれば『先生』と尊称してくれるのです。さらに、店内に漂う高貴でエレガントな雰囲気は、足を踏み入れただけで特別な気分になるでしょう。新人を育てるときに、よくこう教えます。『ここで働く人は単なるリフレクソロジストではない。〝先生の品格〟を身につけてほしい。施術の技術が一流であるだけでなく、お客様の質問にも正確にスラスラと答えなければならない。それこそ〝先生〟の呼び名に恥じないとい

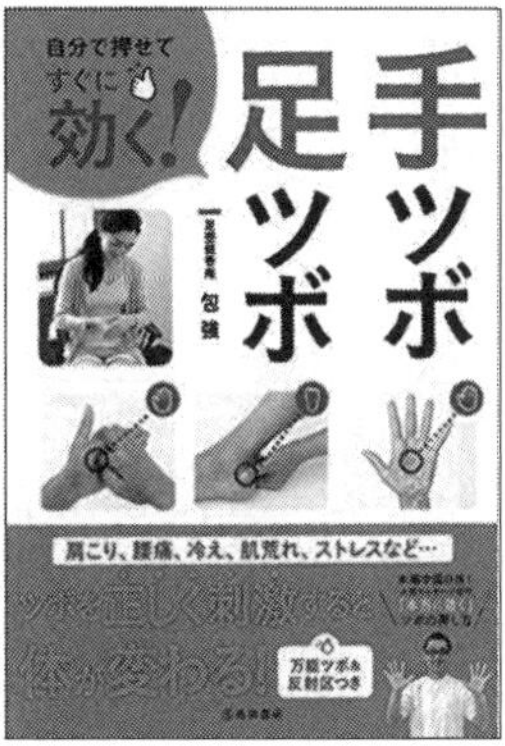

包強による足ツボ療法に関する書籍はロングセラーとなっている
(右)『ひと目で分かる手ツボ・足ツボ』(宝島社)、(左)『自分で押せてすぐに効く！　手ツボ・足ツボ』(池田書店)

うものだ』とね」

　中国のことわざに「学生にひしゃくの水を与えるなら、先生には桶いっぱいの水がなければならない」とある。邵麗莉と包強は、学びとスキルアップを重んじている。麗莉は東京理科大学で「生物学」と「生命医学」のカリキュラムを受講。日本医師会が監修協力する「日本健康マスター検定」で、上級者の「健康マスター・エキスパート」として認証され、その資格を取得した。さらに予防医学を対象として、腸管免疫など腸内フローラの研究や臨床試験を始め、詳しいデータ分析やレポートを作成して、多くの人々に安全で効果的な健康プログラムを提供している。

　一方の包強も、伝統的な中国医学の理論と臨床を掘り下げて、難病治療における中国医学の真髄を探求。これまでに足ツボ療法に関する専門書を日本で二冊出版している（包強著『自分で押せてすぐに効く！　手ツボ・足ツボ』（池田書店）、包強監修『ひと目で分かる手ツボ・足ツボ』（宝島社））。

二人はまた、定期的にスタッフに有益な健康情報を送り、シェアしている。これも足壺健香庵の「先生」たちが、ほかの同業者よりも研究熱心である理由だろう。

中国式足ツボ療法を日本一に

包強・邵麗莉夫妻は、東京都内と近郊で五店舗の本場中国式リフレクソロジー専門店を経営。銀座に二店、恵比寿に一店、新浦安（千葉県）に一店、志木（埼玉県）に一店だ。スタッフは計二十人余りを数える。ビジネスに成功し、プライベートでは二人の子に恵まれ、まさに幸せな暮らし向きだといえそうだ。

かつて神様がまいた幸福の種が、三十年余りを経てようやく花開き、実を結ぶという恩恵が一家にもたらされたのだろう。親の恩に報いるため、邵麗莉は毎年両親を日本に招き、しばらく滞在してもらう。各地を旅行したり、毎日を健康的に過ごしたりして、豊かな老後を楽しんでもらっている。さらに、同じように日本で奮闘している弟の邵帥が、その類まれなダンスの才能で栄光をつかむようにと全力でサポートしている。

インタビューも終わりに近づき、包強と邵麗莉に将来の夢について尋ねた。するど、日本にはまだ中国式足ツボ療法の大企業がないので、次の目標として「足壺健香庵」ブランドでその空白を埋め、日本でもっとも有名な中国式リフレクソロジー・チェーンを築き上げたいという。

これに関して、包強が語った感動的で力強いコメントを紹介したい。

「ぼくと麗莉のビジネスの究極の目標は、ぼくらの家族や友だち、この店のお客様、その家族や友だち、そして周りの人たちすべてが幸せな毎日を送り、健康で長生きできること。ぼくらを信じてもらえれば、病気知らずの体や病気になりにくい体をつくることが可能です。そして難病の人も含めて、たとえ病気になったとしても、症状を改善し健康を回復することができるでしょう。ぼくらからすれば、ただ治しにくい人がいるだけで、治せない病気はない、そう信じているのです！」

新型コロナが新ビジネスの原動力に

二〇二〇年、新型コロナウイルスが世界的に流行したが、それは麗莉のビジネスにも深刻な影響をもたらした。とくに四～五月の二カ月間は（日本政府の最初の緊急事態宣言により）五店舗あるリフレクソロジー専門店がすべて休業に追い込まれた。収入がゼロになったのは言うまでもなく、毎月数百万円に上る家賃負担が重くのしかかり、スタッフの休業手当も支払わなければならなかった。そのプレッシャーたるや、推して知るべしだろう。しかし、彼らは何とか踏ん張り、日本政府と東京都が中小企業（事業者）に対して支給した助成金（一社につき政府から二百万円、都から五十万円）でしばらくは持ちこたえた。五月末の緊急事態宣言の解除を受けて、六月には五店舗のうち四店舗がようやく営業を再開（自粛期間中に一店舗は閉店した）。顧客が次々と戻ってきているが、収益は以前と比べものにならないほど落ち込んでいるという。こうして、コロナ禍は彼らのリラクゼーションビジネスに大きな損害を与えた。だが、それはかえって、コロナ禍前に始めていたほかのビジネスを後押しすることにもなった。

麗莉は数年前に「腸管免疫」に関するヘルスケア事業に興味を持ち、百冊を超える関連書籍を読破した。

「その中で、私は大腸・小腸といった腸管（消化管）が、人体の最大の免疫器官であることを学びました。腸管免疫力を高める、つまり腸内環境（腸内フローラ）を整えることで体の免疫力を高め、それによって健康長寿を目指すことができるのです。約五十年前に日本人が腸内細菌から発見した乳酸球菌の一種（エンテロコッカス・フェカリス・カワイ株）は、世界で多くの特許権を持つとともに究極の予防医学食品となります。これは腸内の善玉菌を大幅に増やして、腸内フローラのバランスを保つ重要な役割を果たしています。そのことを知った私は小躍りしました。そして、この乳酸球菌に〝超級免疫乳酸球菌〟という中国名をつけ、多くの人々に健康応援プログラムを広める新ビジネスを立ち上げたのです」

「これまでに中国にいる約五百人のお客様が、この〝超級免疫乳酸球菌〟を愛飲されています。私は中国の免疫学博士と協力し、お客様ごとにヘルスケアを進めるための健康応援プログラムを作りました。新型コロナが流行していますが、今までこの五百人からは一人も感染が確認されていません。健康は永遠の課題であり、私は腸管免疫についてのヘルスケア事業を続けていきます。これも大きく見れば〝新型コロナ感染予防〟の流れに沿っているといえるでしょう」

麗莉と歩調を合わせるように、夫の包強も別の分野で新しいチャレンジを始めている。数年前、包強は中国から「鶏のから揚げ」の秘伝のレシピを手に入れた。そこには調味料として各種の漢方薬が使われている。漢方薬と和えることで、から揚げはカリッとして香ばしくなり、一度食べたら忘れられないおいしさになる。彼は当初、このから揚げを調理・販売する店をチェーン展開したいと考えていたが、コロナ禍の影響により、視点を変えてキッチンカーでのチェーン展開を図ることにした。つまりトラックがキッチンになるので、どこでも調理することができる。注文さえあれば、ケータリングもデリバリーも可能。小回りのきく便利な移動販売ができるので、感染防止を図りたいこうした時期にはうってつけだというわけだ。彼はこのから揚げに、自分の名前から一字取って「鶏つよし」と名づけている。

これに先駆けること一年前（二〇一九年）には、十数人の中小企業診断士にから揚げビジネスのマーケティングリサーチを依頼した。いずれもこのビジネスを評価していて、分厚い事業計画書がまとめられて提出された。二〇二〇年に入り、コロナ禍による休業が続いたが、考えようによっては計画書の内容を一つひとつ実行していく時間ができたともいえる。

麗莉はこれからのビジネスについて、こう語る。「たくさんの顧客とスタッフのために、リラクゼーションビジネスは続けていきます。幸い四つの店舗はこれまで通り、コントロールが可能です。各店にはスタッフがそろっているし、日々の業務は店長が管理している。私と包強は『腸管免疫』『鶏つよし』などの新しいビジネスにもっと力を入れていきます」

筆者からすれば、邵麗莉と包強の夫婦はいずれも「仕事を愛し、研究を深め、技術を磨く」という職人魂を備えている。大げさに言えば、彼らが見込んだビジネスだったら、できないことはないだろう。私はそう信じているし、大いに期待したいと思う。

一家の記念写真。包強・邵麗莉夫婦（右側2人）と子どもたち、弟の邵帥と田中彩恵ペア、中国から来日した両親とともに（写真提供：邵麗莉）

モダンダンス界に彗星の如く現れたダークホース
——日本人パートナーとペアを組み、国内外で多くの賞に輝く

7

邵帥

（シャオ・ショアイ／しょう・すい）

プロ競技ダンサー、ダンス講師

1986年、中国黒竜江省ハルビン市生まれ。小さいころから競技ダンスの才能を発揮し、中国の有名なダンスアカデミー、北京国際標準舞研修学院を卒業。2005年、日本で暮らす姉の邵麗莉を訪ねて来日し、たまたま出場した競技ダンス選手権でいきなり優勝。日本のダンス界を驚かせた。以来、各地のダンス教室で教えながら、日本人パートナーとペアを組み、国内外のダンス競技大会で数多くの優秀な成績を収めている。（写真提供：邵帥）

ダークホースはどこから?

邵麗莉の弟、邵帥がこの世に生まれたとき、周りの人たちは口々に「母親の人生とひきかえに生まれてきたのだ」と言った。なぜなら中国には当時、一人っ子政策があり、それにならえば麗莉には弟がいるはずもなかったからだ。もともと地元の政府は、ガス供給センターの火災で負傷した八人の従業員一人ひとりに慰謝料を払うことを決めていたが、それと同時に選択条件もつけていた。つまり、もし慰謝料を拒否すれば、二人目の子どもを認めるとしたのである。ほかの誰もが慰謝料を求めたが、麗莉の母だけが二人目をもうけることを選んだ。これが「邵帥は母親の人生とひきかえに生まれた」と言われるゆえんだ。だからこそ邵帥の運命も、母と密接につながっているのだろう。

邵帥は、社交ダンス〔ボールルームダンス、競技ダンス〕との縁についてこう語る。

「ぼくが小学生のころからダンスを始めたのは、母のためなんだ。あの世代〔青年期を一九六六～七六年の「文化大革命」という激動の時代に過ごした世代〕の人たちは、やりたいことがほとんどできなかった。だから母は、若いころにできなかったことをぼくらにやらせたんだ。母に連れられて体操や武術、歌などをやってみたけど、どれも走馬灯のように過ぎ去って、ぼくの興味を引かなかった。それでも母はあきらめず、次は社交ダンスに挑戦させた。ぼくは七歳になったばかり。連れていかれたダンススクールで試してみると、なぜかはわからないけれど、踊った瞬間にこれは自分に合っていると感じたんだ」

その日、初めてダンスを試した彼が、中級クラスの生徒といっしょに踊ったのだった。息子の才能を見抜いた母は、将来的にダンスの力を伸ばしてやろうと決意した。いきなり中級クラスに入った邵帥の進歩はめざましく、ほどなくして上級クラスに進んだ。未成年ではあったが、特別に成人クラスのレッスンにも参加することができた。そして、どこのクラスであっても、母が必ずつきそって励まし続けた。

八歳のころ、邵帥は広東省・広州の舞踊専門学校に優秀な成績で入学し、一年間学んだのち、中国の有名なダンスアカデミー、北京国際標準舞研修学院〔北京ボールルームダンス専門学院〕に進学した。在学中は寮生活を送っていたため母のつきそいはかなわなかったが、休暇になると一人列車に乗ってハルビンの実家へ帰省したという。こうして彼は、小さいころから両親と遠く離れて暮らしはじめた。その勇気は、まさに彼のダンスへの情熱からくるものだろう（社交ダンスには、大きく分けてラテンとモダンの二種類があり、邵帥が選んだのは後者だった）。彼の言葉を借りれば、「ダンスを踊ると、全身が解放される感じ。踊れば踊るほど心地良く、ますます夢中になるんだ！」という。

北京国際標準舞研修学院を卒業した邵帥が十九歳のころ、姉の邵麗莉はすでに日本で身を固めていた。そこで両親といっしょに姉を訪ねて来日したが、日本でしばらく過ごすうちに居ても立ってもいられなくなった。ダンスの練習がまったくできなかったからだ。望みをかなえてやろうと、姉の麗莉はインターネットでダンス教室を検索したほか、ペアを組むパートナーも探してやった。その後、邵帥が初対面の日本人女性と手始めに踊ったところ、「この中国の若者はプロ並みだわ！」とそのパートナーを驚かせたという。彼女はすぐに邵帥を競技ダンス選手権に連れていき、なんと二人はみごと優勝。続いて出場したいくつかの選手権でも、彼はいずれも優秀な成績を収めた。日本のダンス界からは、こんな感嘆の声が上がったという。「どこから現れたダークホースなんだ！」

瞬く間に有名になった邵帥に、周りの人たちは「日本に残って成功を収めるように」と強く勧めた。彼自身も日本の社交ダンス界の雰囲気が自分に合っていると感じていた。

「最初は練習のためにパートナーが見つかればいいや、と思っていたけど、選手権にも出場できるとわかって本当にうれしかった。ぼくは、人と競い合うときに全力を出し切る、あのラストスパートをかける感じが好きだから。こうしたチャンスは中国ではめったにないでしょう」

こうして邵帥は日本で芸術ビザ〔アーティストビザ〕を申請し、日本に残った。ダンスの練習をしたり、選手権に出場したりする以外は、教室でコーチを務めることにした。

好きなことには努力を惜しまない

ダンス教室では当初、日本語で教えることはできなかったが、生徒の前でデモンストレーションするなどほかのコーチの助手を務めた。それから徐々にコーチが話している日本語を学んでいった。言葉の学習はそればかりでない。姉と姉婿に教えてもらったり、日本のアニメを見たりして、邵帥の日本語はぐんぐんと伸びていった。彼が編み出した日本語学習のメソッドはこうだ。「まず自分が何を話すべきかを考える。次にほかのコーチがどのように話しているかを聞く。そしてその話し方を習ったら、いずれは自分のものになる」

日本では、もちろんつらい日々もあった。

「最初は孤独だったよ！　十九歳で来日し、姉の家族にはいろいろと世話になった。だけどいきなり知らないところへやって来たから、その孤独感や寂しさはハンパじゃなかった。言葉は通じないし、クラスメートも友だちもいない。周りに話せる人もいない。ぼくは毎日ダンス教室へ行って、ほかの仕事もしていなかった。とくに不満を覚えたり、イライラしたりすることがあっても、姉はそばにいなかった。そのときが一番、落ち込んだんだ」

結局、姉の麗莉の言葉で、目からうろこが落ちたという。

強い孤独感にさいなまれていたとき悩みを打ち明けると、姉は言った。「あなたは時間があれば好きなことができる。好きなダンスに没頭できるし、トップクラスの選手としていつでも選手権に出場できるのよ。今だって相当恵まれているのだから、それには何か代償を払わなければ。だから孤独や寂しさを受け入れなければならないのよ」

「姉さんのいう通りだ！　ぼくが求めていたのは、純粋にダンスができる環境じゃなかったか。現状に満足すべきだ。生きている限り、悩みや孤独はつきものだ。勇気を持って努力すれば、いつかは人生の目標だって達成できるはずだ」。邵師はそう思い直したという。

姉のこんなアドバイスも心に刻んでいる。

「日本を拠点にしたいなら、日本人にできることはやらなければなりません。しかも日本人にできないこともやらなければ、あなたには何の価値もないでしょう」

こんな良い姉さんがいて、邵帥は幸運だろう。精神面で励ましてくれ、生活や仕事の面では支えてくれる。例えば、日本語を教えてくれたり、ダンス教室で通訳をしてくれたり。選手権大会ではビデオを撮影してくれ、ダンスで足がつったといえばマッサージをしてくれる。たった四つ違いだが、母親のようにあれこれ世話を焼いてくれるのだ。

邵帥は姉の期待を受けて、自分により厳しくした。ダンススキルの向上に余念がなく、ベッドで横になっていても、新しいステップを思いつくと飛び起きて踊ってみた。レストランで順番待ちをするときも、駅のホームで電車を待っているときも、人目もかまわずステップを踏んだ。唯一の趣味が釣りだというが、釣り糸を垂らしていても突然すっくと立ちあがり、踊り出したくらいだった。

あるときテレビで、日本の有名なダンス全国大会（「バルカーカップ統一全日本ダンス選手権二〇一七」）が生中継されていた。アナウンサーは、こう語気を強めた。

「今日は多くの若手選手が出場しています。とくに百四十七番（邵帥）は、異国の日本でここまで勝ち抜いてきました。想像できないですね〜。もし、私たちが外国で四面楚歌の状況ににあったら、どれだけのプレッシャーを感じるでしょうか。そんなプレッシャーの中で、今日までがんばってきたのです。本当に頭が下がります。私は彼のダンススタイルがとても好きです」

それは日本のメディア人が感動の気持ちとともに伝えた、邵師への本当の評価だった。

順位ではなく自分を伸ばすこと

邵師が日本でダンスを教えて十五年ほど。生徒はすでに千人近くに上る。その指導の特徴は、一言でいえば「一対五」。つまり、誤解を恐れずにいえば、彼の一回のレッスンの効率は、ほかのコーチの五回のレッスンに当たるということ。ダンス教室は連日朝から晩まで生徒であふれ、しばしば「キャンセル待ち」状態となる。誰かが休みを取らなければ、次の予約が入らないというわけだ。

その指導に定評があるのは、「外国人」目線で見ることができるので、日本人の弱点や誤りがどこにあるか、はっきりとわかるからだ。的確なアドバイスにより、生徒はすぐに改善することができる。しかも指導を受けた生徒たちは、さまざまなステージや大会で優秀な成績を収めている。

邵帥は「日本は、全体として公平な競争社会だが、その中にも不公平なところがある」という。例えば、各級別のダンス選手権では、どんなにうまく踊ったとしても、審判の判定でランクが昇格しないことがある。理由はおそらく、その選手が「外国人」であるからだ。以前、邵帥にもそうしたことがあり、憤りのあまり大勢の目の前でトロフィーを壊してしまった。だが、それはあくまでも衝動的な行動だった。やがてだんだん現実的な事情にも慣れていった。

「これが競技というものなんだ。それがイヤなら退場することもできる。でもあのフロアに立ってほかのペアと勝負するのは、ぼくには一番幸せなことなんだ。成績の良し悪しは、審判に任せればいい。成績がふるわなかったり、精一杯できなかったりしても、また努力すればいい。パートナーとはいつも反省点を見つけているよ。もし審判と口論していたら、今日まで踊ることはできなかった。実際、彼らにも〝やむを得ない〟ことがある。きみのダンスが好きだけど、やむを得ず……とかね。だからもう二度とケンカしないよ。絶えず自分を伸ばしていくことが一番大事なのだから」。邵帥はそう語る。

とはいえ、邵師は国内外のさまざまなダンス競技大会で多くの優秀な成績を収めている。二〇一八年までに「東部日本プロ・ライジングスターダンス競技会」スタンダードで準優勝、「アジア台北オープン選手権」アジアクローズド部門で優勝、「バルカーカップ統一全日本ダンス選手権」でセミファイナル出場、「ブラックプールダンスフェスティバルチャイナ」(上海)でセミファイナル出場(日本ペア最高位)、そして二〇一九年には「ユニバーサルグランプリジャパンオープンダンス選手権」で第三位、「JCFカップ日本オールスターダンス選手権大会」で第四位……などだ。

現在、日本のモダンダンス・プロ選手がランキングされたとしたら、邵師は堂々のトップ六位に入るだろう。

結婚相手より難しいパートナー探し

モダンダンスは、パートナー抜きでは成立しない。邵師のようなプロ選手にとって、結婚相手を探すより、相性のいいダンスパートナーを探すほうが難しいという。結婚相手なら、両家の条件やお互いの気が合えば大きな問題はないだろうが、ダンスの場合はそうはいかない。相性がいいだけでなく、身長、体重、体質、くせ、そして体のつり合いが取れているか……といった厳しい条件が求められるからだ。

幸い現在のパートナーは、あらゆる面で理想的だと彼はいう。知り合ったきっかけについて、こう振り返る。「前のパートナーは、ぼくにいろんなことを教えてくれた。彼女の家族ともすっかり打ち解けあって、アットホームな感じだった。でも彼女は歳を重ね、一方のぼくはまだ踊り続けることができた。それでこう言われたんだ。『あなたがまだ若くて元気なうちに、新しいパートナーを探したら』って。ぼくは早速、ネットのダンスパートナー専門サイトで検索し、最初にヒットしたのが今のパートナーだった。サイトの自己紹介がすごくシンプルで、写真もなかった。それでメッセージを送って、初めて会ったときに踊ってみた。手をつないだとき、お互いに『この人だ！』とピンときたんだ」

パートナーの田中彩恵《さえ》さんは、ダンスの実力や体力、テクニック、センス、どれを取っても日本で唯一無二の存在だと彼は評価する。筆者には、この「異国の出会い」が、神様の粋なはからいのように思えてならない。それはまるで、中国南宋の詩人・辛棄疾《しんきしつ》の詩「青玉案・元夕」の中の有名な一句を思い出させる。「衆里尋他千百度、驀然回首、那人却在灯火

ペアの田中彩恵さんと。競技場では互いに激しい闘志を燃やすが、ふだんは仲のいいカップルだ

闌珊処」（人ごみの中を幾度となく探し、何気なく振り返ると、何とその人は今にも消えそうなともし灯のそばにいた）というロマンチックなシーンである。

慶應義塾大学を卒業した彼女は、邵帥と出会う前に二十人以上とペアを試したが、どうもしっくりこなかった。邵帥とペアを組んでから、こんな会話をしたという。「こんな素晴らしいパートナーに出会ったことはないわ。いつかパートナーを解消するなら、私はもう踊らない」。邵帥は言った。「あなたは日本一すごい女性だ。あなた以外に、ぼくのパワフルなダンスに耐えられる人はいない。パートナーを変えたら、きっとその人はくたくたになってしまうよ」

このペアは今、競技場でともに闘志を燃やしているが、ふだんは仲のいいカップルだ。「将来、結婚して子どもができたら、やはりダンサーの道を歩ませたい？」と筆者が尋ねると、彼は答えた。「そのとき、ぼくは家に三足のシューズを並べて子どもに教えるんだ。これはみんなダンスシューズだよって」

日本の競技ダンス界は、このユニークなペアをどう見ているのだろう？

「日本人は、ぼくらをモンスターのように見ているよ。ぼくら以外の誰もこのレベルにはないからさ。テクニックであれ、マインドであれ、いわゆる常識を打ち破ってきたんだ。例えば、ぼくらは背があまり高くないが、それは短所でもあり、長所でもある。小柄だからこそ、動きが速いという長所があるんだ。ぼくらのダンスには、スピーディーさとしなやかさがある。ほかのペアはターンで減速してしまうけれど、ぼくらはスピードを上げてしっかりと停止できる。それから二人ともダンスに全身全霊を傾けているよ。踊るときはただ体を動かすだけでなく、ぼくらの魂もそこも込める。豊かな感情とほとばしるような情熱を表現するんだ。日本語でいえば〝うまみとコクのあるしょうゆ味〟のダンスかな。おそらくほかのペアには及ばない、ぼくらだけの持ち味だよ」

邵帥＆田中ペアは国内外の大会で数多くの優秀な成績を収めている
（写真提供：おどりびより）

いいとこ取りで新システム創設を

競技ダンスの状況は、日本と中国でどのように異なるか？　また、どちらがより発展しているのだろう？

邵帥によればこうだ。日本の社交ダンス界において、ダンスの価値は高いレベルで安定している。つまり、ダンスは長年にわたり一つの文化として認められており、その文化が衰えることはない。しかし中国では、基本的にビジネスとして注目される。子どものダンス教室は、「お金が稼げる」と思って誰もが群がる。そのため、今や子ども向けの社交ダンス教室がとくに多い。クラスが増えれば、ダンスを習う子どもも増えて、ダンスの名手も多くなる。

日本にも多くのダンス教室があるが、対象はおもに大人の愛好者たちだ。ダンス教室はそれぞれ自分たちのグループを持っているが、より多くの人にダンスを理解してもらい、踊りに来てもらいたいと願っている。だが、日本はかなり合理的な資本主義国でもある。日本人はダンス〔社交ダンス〕をふつうの職業とは見なしていないし、ダンスでお金が稼げるとは思っていない。ダンスはかえって贅沢な消費だと思っている。だから、お金も時間もない若者たちは、ダンスを習おうとしないのだ——。

邵帥が日本のモダンダンス界に参入してから、そのいわば閉鎖的な世界に新しい空気を吹き込んだことは間違いないだろう。とくに今のパートナーである田中さんとペアを組んでから、そのスタイルは日本のダンス界に新しいムーブメントを巻き起こした。邵帥は小さいころから中国のダンスの専門学校で学び、ダンスへの理解や素養に中国的なスタイルがある。一方、田中さんは小さいころから日本のダンス教室で学び、一流大学を卒業したのち現在は優れたプロフェッショナリズムを持っている。二人はパートナー同士ではあるが、ライバルでもあり、たびたび火花を散らしあう。そればかりか、彼らは頻繁にイタリアやイギリスへ赴き、競技会を見たり、大会に参加したりして、ヨーロッパの本物のダンスを学んでくるのだ。

それぞれの長所に学び、さらに「いいとこ取り」をして、新しいダンスシステムを創る。それがこれからの大きな課題だ。

「選手権への出場は〔年齢・体力的に〕いつか終わりがくるでしょう。そのとき、ぼくはこれまでの情熱をすべてモダンダンスの研究に捧げたい。ぼくの業績は歴史上大したことはないけれど、ぼくの研究は一つの流派になるかもしれない。ぼくらは今、神奈川県に住んでいるのでそこから始めて、周りにいるダンサーや生徒たちをまとめていく。彼らには、ぼくらの新しいシステムやアイデアで学びながら、練習してもらいたいんだ。実際このシステムの効率のよさは、生徒や弟子のレッスンで実証されているからね」

自粛期間に考えたライフスタイル

日本で最初の緊急事態宣言（二〇二〇年四月七日〜五月二十五日）が発令される前に、ダンス競技で最後となった大きな国際大会は二月二十三、二十四の両日、東京のグランドプリンスホテル新高輪で開催された「アジアオープンダンス選手権大会」だった。邵帥とパートナーの田中さんは、これまで八年続けてこの大会に参加しているが、ランキングは常に七位に留まり、六位までの決勝進出を逃していた。九回目のチャレンジとなった今回はついに五位に入賞し、初の決勝進出を果たした。この大会からわずか一カ月後、日本全国が〝自粛〟状態に入ったのである。

　新型コロナウイルス感染拡大の影響は、日本の社交ダンス界にも大きな打撃を与えた。周知の通り、社交ダンスはどんな種類のダンスであれ、男女でペアを組んで踊らなければならない。初めから終わりまで密接に接触しており、もし一方が感染していたら、もう一方はほぼ一〇〇％感染してしまうだろう。こうして日本のダンス教室は、自粛期間に九割方は廃業または休業した。幸い、邵師の教室は休業せずに済んでいるが、教室に来ている生徒は従来の半分に落ち込んでいる。なぜ、生徒たちは自粛期間にもかかわらず、やって来たのか？感染防止のためにどんな対策を講じているのか？

「練習を続けているのは、いずれも毎日、または週に数回、教室で学んでいる生徒たちだよ。練習が生活の一部になっていて、新型コロナが流行してもそのリズムの変化を望んでいない。ぼく自身もそうで、毎日ダンスを教えることがライフスタイルになっている。もう一つ大事な理由は、生徒との間に確かな信頼関係を築いているからなんだ。感染を避けるために、ぼくらはいろんな予防策を取っているよ。例えば、レッスンでは互いにマスクをつけている。それに生徒たちは平日ほとんど外出しないし、レッスン日には自分で車を運転し、外の社会と接することなく直接教室に来ているよ」

邵帥からすれば、ダンス指導の収入は半減したが、残念には思っていない。それどころか、自粛を余儀なくされた三カ月間はパートナーと最高に幸せなときを過ごしたという。

「パートナーと八年いっしょにいるけれど、生活はずっとタイトで忙しかった。ダンス指導のほかに大会への出場、海外での交流と、休むことなく走り続けてきたからね。そこへ新型コロナの流行がやってきた。ぼくらはようやく立ち止まり、時間とお金に振り回されず、やりたいことができるようになった。初めて、本当の生活とは何かを感じさせてくれたんだ。いっしょに部屋をきれいに掃除したり、たくさん食料を買い込んで好きなものを作ったり。彼女は友人たちとオンラインヨガを習う時間ができたし、バレエのレッスンも始めた。長年開かなかった英語のテキストも手元にある。とにかく彼女は時間がなくてできなかったことを、すべて自粛期間中にやったんだ。ぼくもダンスの指導以外に、暇をつくって釣りに行ったよ。もちろん、ぼくらは楽しいムードで練習にも励んだし、ダンススタイルを変えようといろいろと試してみた。ずっとやりたかったけど、なかなかできないことだったからね」

新型コロナの流行は、日本の社交ダンス界に大きな衝撃を与えたが、それは同時に「大きな波が砂をさらう」ことにもなった。つまり、名ばかりの「ダンスの先生」が容赦なく淘汰され、残ったホンモノの先生たちがこれまで以上にがんばるだろうと、彼は見ている。

邵帥によれば、日本のダンス界は必ずしもけがれのない「浄土」（聖域）ではなく、団体同士の確執もあれば、足の引っぱり合いもある。さらに一部のコーチが君臨し〝お山の大将〟になっていることなど、かなり深刻な面もあるという。

「すでにここ神奈川県で、ダンスの団体を立ち上げたんだ。ダンスコーチが二十人いて、みんなぼくの熱心な弟子たちだし、家族のようにつきあっているよ。もちろん互いにライバルだけど、みんなすごく仲がいいんだ。ぼくらは話し合いをもって団体規約を設け、互いに遵守し、監督している。それにほかの県や市にも、志を同じくする仲間たちがたくさんいるよ。誰もが『社交ダンス界を良くしたい、良いイメージを

ダンス競技会で受賞後、家族や友人の祝福を受ける（写真提供：邵帥）

打ち立てたい』という同じ夢を持っていて、それはぼくらのビジネスだけでなく生活にもかかわっている。考えてみれば、ダンス界でこれから三十〜四十年は生きていくんだ。だからこの環境をより明るく、クリーンに、楽しいものにしていきたいと考えているんだよ」

◇◇◇◇◇

邵帥と姉の邵麗莉は、このようにまったく異なる二つのキャリアを歩んできた。しかし、目標に向かって努力する中で、二人にはともに多くの共通点がある。

一つは、彼らにはやさしい父と、どんなことにもくじけない強い母がいる。こうした立派な両親の影響を受けて、彼らは小さいころから志を持ち、目標を定めてねばり強く努力してきた。

二つは、成人する前にふるさとを離れ、日本へとやってきた。

邵帥と姉の邵麗莉（本書⑥に登場）
（写真提供：邵帥）

三つは、それぞれの仕事について、一歩一歩、着実に進んできた。

四つは、二人ともそれぞれの分野ですばらしい成果を収めている。もちろんその成功の裏に、異国で出会った愛する人の存在があることも忘れてはならないだろう。

中国では、兄弟の情のことを「手足之情」（手足の情）という。邵麗莉と邵帥の「手の如く足の如し」の姉弟の情もまた、人の心を温める美談だろう。

「日本一のダンスシューズを目指したい」
――ダンサーに愛される足にやさしい高級シューズを開発・販売

8

富彤

(フー・トン/ふ・とう)

ダンスシューズ開発・販売会社
「株式会社和《わ》興《こう》商事」社長

1974年、中国黒竜江省ハルビン市生まれ。1996年に来日し、明海大学大学院で修士号を取得する(不動産学専攻)。日本で中国製ダンスシューズの販売を、業界未経験・知識ゼロからスタート。2009年、株式会社和興商事(Ads Japan Dance Shoes)を設立し、資金調達、品質向上、市場開拓など一つひとつ難題を乗り越えてきた。現在は「世界のダンサーに愛される足にやさしいダンスシューズ」の開発・販売をはじめ、ダンスウェア、燕尾服などを販売し、プロアマ問わず多くのファンに喜ばれている。

「起業の道を行くんだ」

富彤は、「七〇後《チーリンホウ》」(一九七〇年代生まれ)のハルビン人だ。筆者はある友人宅でのパーティーで知り合ったのだが、彼が日本でダンスシューズのビジネスをしていて、しかも有名ブランドを立ち上げたと知り、意外に思った。見るからにがっしりした体つきで背が高く、六年にわたる総合格闘技のトレーニングを受けたこともあるという。その中国東北部出身の男がなぜ、あの美しいダンスシューズと縁があるのか?

物語は、彼と日本との関係から始まる。インテリの家庭に生まれ、父親は名門大学、ハルビン師範大学の教授だった。また、かつて旧満州で教育官僚を務めていた祖父は、一九三〇年代末から四〇年代初めにかけて二回日本を訪れ、正確な日本語を話すことができたという。富は小さいころからご多分にもれず、「日本人は悪いやつらだ。中国を侵略し、多くの中国人を殺した」という認識だった。が、のちに日本の印象がガラリと変わったのは、祖父の影響を受けたことが大きかった。祖父はかつて、こう話したことがある。「日本はなかなか優れた国じゃ。日本には悪い人もいるが、良い人もたくさんいる。一部だけを見て、全体を判断してはだめじゃよ」

祖父の話は、富の日本に対する見方を変えたばかりか、隣国への関心を呼びさました。当時タクシーの管理会社に勤めていた彼は、日々友人たちと飲み食いできるほどゆとりがあったが、内心では「こんな生活は求めていない」と感じていた。若いうちに日本へ行き、道を切り開きたいという思いがふくらんでいったのだ。

一九九六年十月、東京にやって来た富は、日本語学校を経て大学に入学し、その後、明海大学大学院に進学して不動産学を専攻した。修士号を取得した彼は、かつて建設省（現・国土交通省）河川局副局長だった指導教授の関係で、大企業に就職し、高収入のりっぱな仕事に就くことも可能だったが、そうしなかった。コネに頼らず、成り行きに任せたのだ。

「大学にいたころ、夏休みに区役所のごみ収集の仕事をあっせんしてもらった。毎朝早起きしてごみ収集車に乗り、特定エリアの沿道に置かれたごみを集めて回るんだ。朝働くだけで、一日一万円になった。私は留学生で短期のアルバイトだったが、いっしょに働くほかの日本人はみな公務員だった。そのうち一人が東京大学の卒業生であることを知り、『きみみたいな人が、どうして人の嫌がるような仕事をしているんだい』と聞いた。彼は言った。

『学生時代にこのバイトをして、自分に合っていると思ったんだ。同級生の多くは大企業に就職したけど、自分の時間をなくしている。だけどぼくはその日の仕事が終われば、読書や好きなことができる。他人のためではなく、自分のために生きているんだよ』。この話にとても感動した。考えてみれば私たちが今、どんな仕事をして、どんな家に住んで、どんな車に乗っているか……。いずれにしたって両親や、同級生や、友だちのために生きているわけではないだろう。その東大卒業生の仕事はごみ収集だったけれど、自分に合ったライフスタイルを選んでいた。自分らしく生きていたんだ」

こうして富は大学院を修了し、きっぱりと起業家の道を歩むことを決めた。彼はまず、珍しさに目をつけて外国のミリタリーグッズなどをオンラインで日本向けに販売することからスタートした。この小さなビジネスを二年ほど続けたころ、日本で中国製ダンスシューズを販売していた父方のいとこが「仕事をやめたいと思っている。代わりにやらないか」と持ちかけてきた。無知な者は恐れないというが、富は「なんだ、中国の社交ダンス用の革靴を売るだけじゃないか。ネットで売ればいいんだし」と思い、深く考えずに同意した。

創業してぶつかった壁

いわゆるダンスシューズとは、ラテンダンス、モダンダンス、コンテンポラリーダンス、そしてフォーメーションダンスのときに着用する革靴のことを指す。スタイリッシュでゴージャスであることを除けば、ふつうの革靴とあまり変わらないように見える。しかし業界の事情通であれば、デザインや素材、製造工程といった点で、一般的な革靴よりもはるかに洗練されていることがわかる。

富はビジネスを引き継いだところを振り返り、思わずため息をもらした。「この業界は、難しすぎることがわかったんだ。もっとも難しいのが、資金不足とクオリティーの問題だ。まず、中国から靴を輸入するには、最初に資金が必要だ。けれども私は開業したばかりで業績もないし、銀行はたやすく融資をしてくれない。かりに資金調達や靴の輸入ができたとしても、売れなければ資金回収できないし、いずれ倒産してしまうだろう。次に重要なのが、品質を改良することだった。当時、中国で作られたダンスシューズの品質は、日本よりもはるかに劣っていた。そのころ中国で見つけた靴製造工場のレベルはそこそこで、製品価格も安くはない。今の私なら多くの欠陥がわかるが、当時はなかなかいい靴だと思っていたんだ。いっぺんに百足以上のダンスシューズを購入し、オンラインで販売して大金を稼ぐはずだった。でも、やってみてようやくわかった。なんて難しいんだろうって。お客様に『どこの靴ですか?』と聞かれて『中国製です』と言うと、その人はもう買いたくなくなる。中国製は〝安かろう悪かろう〟だと、みんなわかっていたんだよ」

当初ダンスシューズのビジネスはうまくいかず、途中で身を引くことも考えたが、彼はそれでも歯をくいしばった。ダンスシューズの潜在市場の大きさを見抜いていたからだ。日本に住んでいる人なら、大都市のいたるところにダンス教室があることに気づくだろう。つまり、ダンスの愛好者がそれだけ多いということだ。ダンスを踊るにはシューズがいる。しかもそれは消耗品で、はきつぶしたら新しく交換しなければならない。ところが、多くの愛好者が求めているのに、日本にはダンスシューズの製造販売を専門とする会社がほとんどなかった。富は「中国製ダンスシューズの品質が改良できれば、日本のマーケットで必ず勝てる」と考えた。

「品質向上を図るため、中国に出張するたび工場へ欠陥品を持っていった。どこに欠陥があって、どのように直したらいいか、伝えたんだ。それから日本やイギリスで生産された高品質のダンスシューズも持っていき、良い靴とは何か、違いはどこにあるかを見てもらった。工場の労働者たちは、多くが山あいからやってきた素朴な若者たちだった。たとえ靴の表面に接着剤がついていても、『ちょっと汚れただけで問題ない』と気にしなかった。彼らの目には良い仕上がりの靴だったんだ。海外に出た私たちはより多くの美しいものを見ることができるが、彼らにはそれができない。ならどうするか？　それで私は〝見本〟を見てもらったんだ。高品質の外国製品をテーブルに置いたとき、彼らはあっけにとられて見とれていたよ。『うわーっ！　なんて美しいんだ』『どうしたらこんなスゴイものが作れるんだろう』。私は言った。『これは日本で一万円以上する靴だが、きみらの靴も一万円以上で売れると思うか？』。みんな押し黙ってしまった。恥ずかしく思ったんだろう。それから半年後、中国の工場から靴のサンプルが送られてきた。一見して、おっ！　なかなかいいぞ、あのとき持っていった日本の靴とほとんど同じ仕上がりだ、と思った。ハッパをかけたのが功を奏したんだ。『この靴はサンプルとしては確かに良くできている。だが、これからは大量生産をした靴もこのレベルに達しなければダメだぞ』。私はそう注文をつけた」

ダンサーにやさしい靴を

富彤は、ダンスシューズの品質向上のために日中間を奔走する一方で、日本の市場をすみずみまで開拓しようと努力した。その戦略の一つが、何とか手を尽くして日本のプロダンサーと直に接触することだった。食事に誘い、世間話をする中で、気になる問いに答えてもらうのである。例えば、どんなシューズを履きたいか？　売れ筋のシューズは？　どこでなら良く売れるか？　などだ。持ち前のまじめさと謙虚さで、彼の周りには多くの有名プロダンサーが集まり、そのうち何組かのペアには、彼の「Ａｄｓ」ブランドとスポンサー契約を結んでもらうことができた。それはダンスシューズを販売する上で、非常に効果的な方法だった。というのも有名ダンサーの周りには、ダンスを愛する多くのファンや弟子たちがいる。そのファンや弟子たちは、コーチやあこがれのダンサーが着用しているシューズはどこのブランドか、どこで買えるかを聞き出して、あらゆる方法で手に入れようとするからだ。

現在、世界のトップダンサーにしろ、一般のダンス愛好者にしろ、Ａｄｓブランドは非常に人気が高いという。プロダンサーの中には、埼玉県川口市にあるショールームにまで足を運び、何足もまとめ買いする人がいる。また、たくさん買おうとする来客に「ほかのお客様のためにも購入は少なめに」とお願いすることもある。中国からは一度に数十足しか仕入れないので、あの客もこの客も欲しいとなると、たちまち売り切れてしまうのだ。

なぜ、もっと輸入しないのか？　それも資金繰りの関係で仕方がないと彼はいう。

「当初、資金不足はビジネスの発展を妨げる要因だった。仕入れ、在庫管理、営業などの面ではコストがかかるし、銀行からはなかなか融資してもらえない。それで私は『少ないお金で商売しよう』と考えた。例えば、一度の輸入品数を少なくした。このモデルの靴を二、三足、あのモデルを四、五足というように少なく仕入れては売りさばき、在庫を減らすか無くしてしまう。もし顧客からの注文があれば、先に工場に作ってもらい、日常的な発注はストップして後回しにするというわけなんだ」

こうしたやりくりで、苦しい一時期を耐えしのんだ。ときには予想外の注文にも恵まれた。ある日、名古屋のダンスシューズ販売業者がやってきて、インソール（中敷き）の厚いシューズが開発できないかと商談を持ちかけた。何の役に立つのか尋ねると、業者は「ついてきてください」と言い、富を車に乗せて、とある公民館へ連れて行った。ちょうど大勢の人たちがダンスを踊っているところで、業者は言った。「ほら、ここのフロアはすごく硬くて弾力性に欠けている。ダンスを踊ると足を痛めやすいんです。だから特別にインソールの厚いシューズを作ってもらいたい。もう十年以上探しているのですが、日本のメーカーはどこも作ってくれなかった。新しいシューズを作るには、最初から靴型や型紙を作り直さなければならず、それだけで二百万円以上はかかってしまう。割に合わないからなんです」。それが、販売業者が訪ねてきた理由だった。富はすぐに中国の工場と話し合い、しばらくして工場の社長から「やりましょう！」という快い返事があった。結果としてこのシューズの開発は、彼の会社のピンチを救った。

新しいシューズのサンプルができた後、富はそれを縦半分にカットした。シューズの断面を通して、顧客により直感的に内部構造を見てもらおうと考えたからだ。何層ものクッション素材や層の厚さ、柔らかさ、靴底に加えた革の素材など、すべてが一目瞭然だった。サンプルを見れば、シューズがいかに履き心地が良いか、足の痛みを防げるかがわかるのだった。こうして彼は、クッション性の高いダンスシューズを一気に四種類も開発。名古屋の販売業者は、以来毎月四十～五十足のシューズを富の会社から仕入れていった。それも決して大口の注文ではなかったが、当時〝小商い〟であった富にしてみれば、安定した収入があるだけでも上等だった。ほかにもいくつかの取り引きがあり、会社は何とか維持できた。

ビジネスを通じて追求することは、一つが経済効果、もう一つが顧客の評価だ。ダンスシューズに対する顧客の高い評価は、彼の大きな喜びと自信になった。

「営業に行ったとき、うちのシューズを購入したお客様に会った。『足が痛くて踊れなくなったけど、あなたの店のシューズを履いたら、また踊れるようになったわ。ありがとう！』。そう言われて、本当にうれしかった。足の痛さであきらめていた人たちも、うちのシューズで安心してホールに戻り、心置きなくダンスを踊れる。それは私にとって、どれだけもうけるか、どれだけライバル会社を打ち負かすかよりワクワクするし、喜びなんだ。そして顧客が望んでいることは何か、顧客のニーズは何かを考え、最高に温かいサービスを提供する。さらにシューズを絶えず改良し、刷新していく。そうすれば〝メイド・イン・チャイナ〟でも、きっと歓迎されるんだ」

接客は誠実に、サービスは温かく

ショールームを一階に構える富彤の会社、株式会社和興商事（Ads Japan Dance Shoes）には、社長とスタッフを合わせても三人しかいない。そこで社長である彼も進んで営業にいそしんでいる。創業したばかりのころ、営業のイロハを「経験豊富」な先輩営業マンに学ぼうと、食事に誘ってアドバイスを求めたことがあった。すると先輩はこう教えた。「夏にダンス教室へ行くなら、濃いめのカラーのワイシャツを着ていくこと。そしてペットボトルの水を買って、首や体に振りかける。汗だくで動いているフリをするんだ」。富にしてみれば、そうした人をだますようなやり方は〝邪道〟だった。先輩には同情したが、彼にはできないことだし、やりたくもない。人として何かをやるなら誠実にやろう、インチキをして人をだましてはならないと自分に言い聞かせたのだった。以来、〝師に学ぶ〟ことをやめ、実践から学びながら、営業力を高めていくことにした。模索しながら、効果的なマーケティング方法を打ち出していったのだ。

履き心地の良い自社シューズを、自信を持って顧客に勧める

「お客様に靴を勧めるときは、『購入されなくても結構です。まず履き心地を試してください』と言う。うちのシューズは快適だという自信があるからね。世界チャンピオンが愛用しているブランドだという情報も伝えるよ。それでお客様はたいてい納得して購入する。一方、販売業者と商談するときは、ウィンウィンを強調するんだ。私はセールスマンであるだけでなく、靴の専門家でもある。製品について熟知しているから、これまでどの会社にも値切られたことはないよ。シューズの構造から価格のわけまで、すっかり説明できるんだ。例えば、卸価格を定価の六掛け（四〇％オフ）にするとしよう。すると先方は『ほかでは五・五掛け（四五％オフ）なのに、どうしてだ？』と聞く。それで当社では送料込み・税込みだからと伝える。それでも先方が五・五

掛けを要求したら『わかりました。五掛け（五〇％オフ）でもいいですよ。シューズの素材を一ランク落として、見えない部分を安い材料に換えればいいんですから……。それでもいいですか？』と出る。もちろん、そんなことは絶対にできないよ。業者には〝安かろう悪かろう〟の理屈をわかってもらいたいんだ。うちの靴は、布ではなくすべて本革で作られている。一方、日本製の靴は必ずしも本革を使っているわけではないが、販売価格はうちより高い。〝メイド・イン・チャイナ〟にも高いものはある。うちでは少し高級な〝中国製〟ダンスシューズを販売しているんだよ」

「うちのシューズを履く人は、履きやすいのでリピーターになってくれると信じているよ。また、販売業者には、当社が本当にウィンウィンを追求していることを理解してもらう。例えば、うちの靴を販売する業者については、定期的にホームページでPRする。また毎年のように有名なプロダンサーを招く大きなダンスパーティーを開いているが（参加者約二百人、入場料一人一万円）、チラシやポスターには販売業者の広告を無料で掲載する。こうしたイベントを通して、うちのシューズの知名度を上げながら、販売業者のことも宣伝するんだ。現在、日本にはうちのシューズを販売する会社が十社以上ある。関係はいずれも良好で、私はたびたび訪問しては調査している。どの靴が良く売れているか、顧客はどんな反応かなど聞いているよ」

中国人の中には「日本でビジネスをすると、差別されたりいじめられたりする」と言う人がいるが、「それはあまりにもネガティブだ」と彼は言う。「なぜ中国人が自分を弱い立場に置く必要があるだろう？　たとえ何をしようとも相手より強い限り、差別されることはない。日本の社会は、強者は認めても弱者には同情しないところがある。例えば、中国のダンスシューズを販売するとき、見下されても構わない。どこの靴が履きやすいか、価格は手ごろか、比べてみればわかるからだよ」

売り上げを伸ばすためには、絶えず刷新して品質を改良することはもちろん、接客態度を良くすることも重要だ。この点でも富は申し分ないといえる。筆者が彼の会社（ショールーム）でインタビューをしていると、ちょうど靴を買いに来た中年の女性がいた。聞けば、彼女のダンスの先生も、そのまた先生もＡｄｓブランドを愛用していて、評判がすこぶるいいのでわざわざ買いに来たのだという。しかも二足いっぺんに買い求め、「こちらのシューズは質が良いし、社長のサービスもとても行き届いているんです。ときに割引してくれたり、ときにプレゼント（ダンス休憩用のジャケット）をくれたりね」と笑みを見せる。

ふと見ると、富はしゃがみこんで彼女の靴の試着を手伝っていた。彼によると、ほとんどの人が靴ひもをよく結べない。ひもが緩ければ靴が大きいと言い、ひもがきつければ靴が小さいと言う。代わりに彼が結ぶとちょうどいい具合になる。靴を履いて心地よく、お客は安心して買うことができるのだという。

彼はまた、中国に帰国したときのことを話してくれた。「以前、中国で営業したことがあったんだ。広州の大企業の女社長が、ダンスシューズを買おうとしていた。それで私は靴の試着を手伝うために、みんなの前でしゃがみこんだ。中国ではめったにしないことだから、女社長はしきりに恐縮していたよ。後になって、その場に同席していた友人が打ち明けてくれた。『富社長という人の営業はすごい！　床に直接ひざまずいて靴を履かせるなんて、とみんなが言っていたよ』と。『ひざまずいたんじゃなくて、しゃがんだんだ』と私は言ったんだが……（笑）。メンツを重んじる中国では〔腰の低い〕こうし

シューズの試着を手伝う富彤

たサービスに慣れていないが、毎日靴を売っている私にとって、それは日常茶飯事のことなんだ」

ダンスシューズで「日本一」に

「匠人精神」（匠の精神、職人気質、ものづくり精神）というのは最近、中国で流行っている言葉だ。この話題になると「中国人は日本人に学ばなければ」とよく言われる。だが「匠人精神」はもともと中国で生まれたものだ。

互いに励ましあい、技量を高めあうことを言った「切磋琢磨」の語源となった言葉が、中国最古の詩集『詩経《しきょう》』の中にある。「如切如磋、如琢如磨」（切るが如く磋《みが》くが如く、琢《う》つが如く磨《と》ぐが如し）であるが、まさに高い技術を持つ者が、入念にものを作り上げるこだわり「匠人精神」の起源がここにある。残念なのは、現代の中国ではこうした誇るべき精神が途絶えてしまっていることだ。

富彤は今、自分の仕事を通して、中国人が失ったこうした精神を取り戻し、広めていこうとしている。匠の精神も時代とともに変わっていくことが必要で、『詩経』がいうところの手仕事や手作りに限定されることはないと考えている。一日に一足の高価な靴を作るのは、わずかな客のニーズに応えているだけだ。彼がやろうとしているのは、中国の工場で大量に生産しても、品質は日本の職人の手作りに劣らない、多くの愛好者が気軽に買えるダンスシューズを作ることだ。マーケティングの面においても、新しいテクノロジーを利用して、Adsの最新モデルの製造過程を随時オンライン動画で公開していく。それによって顧客に新しいシューズのすぐれた点や特徴をわかってもらい、ショッピングに役立ててもらうのだ。最近はモバイルショッピングの人気が高く、携帯電話（スマホ）でホームページを見てから注文する客も増えているという。それは彼の中国製ダンスシューズが広く認められていることを示すものだ。

富は、匠の精神に新しいアイデアを加えるだけでなく、自身の仕事にも高いハードルを設けている。「私には、足を痛めないシューズをより多くの人に履いてもらう責任がある。うちのシューズを履かずに痛みをがまんしている人がいる限り、それは私の罪になる。だからもっと努力して、できるだけ早く痛みをなくすためにうちの靴を履いてもらいたい。それが私の罪滅ぼしの過程なんだ」

利用客が喜んでダンスシューズを購入し、彼も楽しみながらお客をもてなし販売する。こうした「贖罪」の過程なら、楽しくないわけはない。

「近い将来、Adsブランドをダンスシューズの日本一にする！」。それが彼の次なる目標だ。

「オンラインダンス競技会」を生み出す

富彤への最初のインタビューは三年前のことだった。その後、拡大した新型コロナウイルスが一旦ピークを過ぎたころ（二〇二〇年七月）、改めて連絡すると、その事業がさらに発展していることがわかった。本来のダンスシューズ事業が順調であるほか（二〇一九年の売り上げは約一万五千足、業界第二位）、ダンスの練習着、競技用タキシード、それに発売間近のナースシューズも開発したという。この三つの事業の見通しについて、彼は自信満々といったふうにこう語った。

「ダンスの練習着は、他社がまだ手をつけていないところに切り込んだんだ。ふつう業者は、収益性の高い競技用の衣装を売りたがるものだ。タキシードやドレスが一着三十万円以上もするからね。だけど、そんな高価な服を着るのは競技中だけで、ふだんの練習で着るのはユニクロやナイキといったカジュアルな服だけだ。一方、うちの練習着は安くて着心地がよく、競技用衣装の肌触りにも似ている。だからとても人気なんだ。とくに美しくエレガントな練習用ドレスは、多くの女性愛好家に好まれているよ。私が選んだメーカーは、中国のダンス衣装メーカーのトップ二社だ。今、日本のダンス練習着市場は、当社のものが一番バラエティー豊かで、売り上げが多い」

「一年以上前には競技用タキシード事業も始めたが、タキシードが一着十六万円と日本の類似商品の約半額で販売された。安くできたのは、品質やデザインを落としたからではなく、不必要なコストを徹底的にカットできたからだ。例えば、採寸ではお客様のサイズを三十カ所から測り、写真を撮って、そのデータを直接中国のメーカーに送信する。メーカーの職人は経験豊かで、写真を見ただけでその人の体のサイズや採寸の誤り、調整の必要なところがわかるんだ。彼らが作る衣装は十点中九・五点まで正確で、ぴったりしているよ。一方で、日本で競技用タキシードをオーダーメイドする場合は、まず一回採寸し、仮縫いしてから試着、補正をし、また試着と補正をして、時には三回以上補正することもある。うちでは基本的に一回の補正で済み、効率的でスピーディーだ。しかも品質がいいことは言うまでもない。タキシードは発売してから間もないが、すでに百点以上売れているよ」

「開発中のナースシューズについては、同じように十年のダンスシューズ業の経験から大きな優位性がある。看護師の足のタイプに沿って対応する木型を作り、そこから履き心地の良さ、安定性、弾力性、滑り止め、ムレにくさなどのさまざまな機能を持つシューズを作った。これはうちのダンスシューズ作りと同じだ。ナースシューズ市場はダンスシューズ市場よりもはるかに大きく、安定しているよ」

こうして近年、次々と新事業を起こしてきたが、新型コロナが彼のビジネスにも大きな打撃を与えたことは否定できない。日本が〝非常事態〟に陥ってから、ほとんどのダンス教室やダンス大会が中止された。ダンスを踊る人がいなくなれば、ダンスシューズも冷遇される。彼の会社の業績も、もちろんその影響を受けた。

「二〇一九年一カ月あたりの売上高（約一千万円）と比べると、二〇二〇年最低の二百万円（四月）はその五分の一にすぎない。だが、日本政府が新型コロナ支援策として中小企業に二百万円の持続化給付金を支給してくれて、本当に感謝したい。ほかに一千万円追加で無利子・無担保融資が受けられる緊急融資制度にも申請した。こうした支援策がコロナ禍のプレッシャーを大幅に和らげてくれたんだ」

もともと富彤の会社は、二〇二〇年七月に全日本学生競技ダンス連盟の「全日本学生選抜競技ダンス選手権大会」を開催することを計画していた。大きな会場も押さえていたが、コロナ禍により中止となった。そこで彼は「オンラインダンス競技会」というユニークなアイデアを思いついた。参加選手は、撮影したダンスの写真を競技会の事務局に送り、現役のプロモダン全日本チャンピオンと、富の会社がスポンサー契約をする選手が二手に分かれて審査する。今はやりの動画ではなく、写真で審査することにしたのは、動画ならダンススタジオが必要になるが、写真ならどこでも撮影できるからだ。参加者に負担をかけないための工夫だった。

利用客が喜んでシューズを購入し、富彤も楽しみながら販売している

オンライン競技会の賞品として、最優秀賞の男性にはタキシード、女性にはシャネルの化粧品、さらに練習用ドレスかダンスシューズが贈られる。また第二位から六位までは、それぞれ富の会社の練習着かダンスシューズを選ぶことができるという。その新たな取り組みは、大げさかもしれないが、多様化するダンス大会の新時代を切り開いたといえるだろう。

パミール高原の羊飼いから劇団四季のメインキャストに
——ダンスも歌も最高のパフォーマンスで観客を魅了する

9

カイサー・タティク

劇団四季俳優

中国新疆ウイグル自治区タシュクルガン・タジク自治県生まれ。少数民族タジク族。小学生のときに民間の歌舞劇団の一員として選抜され、その北京公演をきっかけに名門の人民大学附属中学（中高一貫校）で学ぶ。そのころミュージカル『キャッツ』中国公演を見て衝撃を受け、高校卒業後はミュージカルを学びたいという思いにかられて、日本の「劇団四季」新人募集に応募。当時代表の浅利慶太氏の目にとまり、2014年秋から研究生として入団。2016年『キャッツ』オーディションで、メインキャストの「鉄道猫」役を射止める。以来500回余り同公演に出演し、その端正な顔立ちと美しい発声で人気を集める。（写真提供：王紀言）

「鉄道猫」と故郷タシュクルガン

二〇一六年七月十六日、日本を代表する劇団の一つ、劇団四季によるブロードウェイミュージカル『キャッツ』が大阪四季劇場で上演された。メインキャストの一人「スキンブルシャンクス（鉄道猫）」を演じたのは、スラリと背が高く、スタイル抜群で、西洋人のように彫りの深い顔立ちをした若い俳優だった。そのダンスは軽やかで美しく、エネルギッシュ。よく通る声ではっきりと響きわたる日本語の歌も、すでに熟練の域に達していることをうかがわせた。

多くの観客、とくに若い女性ファンたちは、彗星の如く現れたこのイケメンの俳優に魅了され、公演期間中はファンレターやプレゼントがひっきりなしに楽屋に届いたという。

この『キャッツ』で一躍脚光を浴びた若者がどこから来たのか、関心を寄せる人も多かったようだ。ある女性はファンレターにこう書いた。「『キャッツ』を何回も見ましたが、一番好きなのはあなたが演じた鉄道猫です。とてもきれいな日本語だったので、お名前を知らずセリフを聞くだけなら、外国人とは気づきませんでした。どちらのお国からいらしたんですか？　アメリカ人なのでしょう？」

「公演中にこういう手紙は少なくなかったですよ。一つひとつに答えることはできませんが、しばらくしたらファンとの交流イベントを開きます。それもファンサービスの一環なんです。いつもは一日の公演が終わると、楽屋を訪ねるファンと会います。いろいろ質問されますが、時には国籍を問われることも。それで中国だと答えると、ファンたちはまず『えっ？』と言って驚きますね。中国の最西部には多くの少数民族がいて、私がタジク族だと伝えると、さらに信じられないといった様子です。再び手紙をくれたあるファンは、交流イベントに参加してからインターネットでわざわざ調べて、初めてタジク族について知ったそうです」

中国西北部には「パミール高原」と呼ばれる平均標高五〇〇〇メートルに達する高山地帯がある。パミールとはタジク語で「世界の屋根」という意味で、そこには多くの雪山がそびえ立っている。最高峰は標高八六一一メートルのチョゴリ山〔K2〕で、中国最西端の新疆ウイグル自治区とパキスタンの国境にある世界第二の高峰だ。万年雪に覆われていて「氷山の父」として知られる標高七五〇九メートルのムスタグアタ山もある。さらにパミール高原の東南部には、パキスタン、アフガニスタン、タジキスタンの三カ国と国境を接し、中国・新疆西部のカシュガル市（県級市）から約三〇〇キロ離れた町、タシュクルガン・タジク自治県（略称・タ県）がある。周囲の山々の雪解け水はタ県の川を豊かにし、「絲綢古道金草灘」（シルクロード古道・金の草地）と呼ばれる有名な湿地がタシュクルガン川の両岸に広がっている。

ここ、タ県に住む人々の八〇％はタジク族で、人口は中国のタジク族人口約五万人の半数に当たる二万六千人余りに上る（タジク人は白色人種アーリア人に最も近いとされる）。高山の牧草地に家畜を放し、低い農地に作物を植え、半遊牧民・半定住者としての生活を送っている。タジク人がもっとも崇拝する動物のトーテムは鷹で、それは勇気、正義、忠誠心を象徴している。タジク人の民族舞踊「鷹舞」は鷹の動きをまねた踊りで、鷹舞の伴奏楽器ともなる「鷹笛」は鷹の羽の骨で作られることから、そう呼ばれる。

このインタビュー記事の主人公、カイ

子どものころは、パミール高原のすそ野で羊の放牧を手伝った（写真提供：王紀言）

サー・タティクの家族は、タシュクルガンに何世代も住んでいるタジク人だ。カイサーの祖父の話によれば、一族のもっとも古い祖先はアフガニスタンから移住してきたという。カイサーは一九九六年六月生まれ。十歳まではほかのタジクの子どもと同じように、小学校に通いながら家の放牧の仕事を手伝った。そして自然に、放牧のときに鷹笛を吹くことが好きになった。

「鷹笛に興味を持った私は、八歳のころから羊の放牧をしながら鷹笛を吹いていました。当時は本物の鷹笛を買う余裕がなかったので、父が細い鉄パイプで笛を作ってくれたのです。大人たちに連れられて結婚式に参加したとき、鷹笛を吹く人に釘づけになりました。その鷹舞のメロディーを聞けば聞くほど好きになり、やがて忘れられなくなったのです。習いはじめのころはよく音程が外れたので、『向こうへ行って吹きなさい』と家族や近所の人にうるさがられました。練習を重ねるうちにある日突然コツがわかり、鷹舞のメロディーがちゃんと吹けるようになったのです」

鷹笛が羊飼いの人生を変えた

二〇〇七年十二月冬、北京の民間の歌舞劇団である「五彩カシュガル児童芸術団」の教師たちが、タ県中心小学校にやってきた。生徒の中から、ステージに立つことのできる〝小さなスター〟を選抜するためだった。この年、カイサーは十一歳になっていた。「歌って踊れる人はだれ?」と教師が尋ねると、多くの生徒が「ハイ」「ハイ」と勢いよく手を挙げたが、カイサーはうつむいていた。自分にはそんな特技はないと思っていたからだ。もし、友だちの一人がカイサーを指さして「この子は鷹笛が吹けるよ」と叫ばなければ、カイサーの今日はなかっただろう。彼は当時、選抜されたタジク人の少年のうち、唯一鷹笛が演奏できる子どもだった。

五彩カシュガル児童芸術団に入団したときのカイサー（写真提供:王紀言）

二〇〇八年初め、五彩カシュガル児童芸術団はカシュガルで

2008年、五彩カシュガル児童芸術団の北京公演で、カイサーは主演を務めた（中央、写真提供：王紀言）

集中的なリハーサルを始め、半年後には、故郷を離れたことのない子どもたちが北京で公演するというニュースが地元を駆け巡った。山すその羊飼いの少年が、中国の首都・北京のステージに立てるなど、カイサー自身にとっても信じられないことだった。その年の九月、同児童芸術団は北京の大劇場の一つ、保利芸術劇院で民族の歌と踊りの「パミール高原の童謡」を披露し、カイサーは主演を務めた。この時の北京行きにより、彼はパミールの外に広がる多彩で美しい世界を目の当たりにし、それと同時に、思いがけず北京の学校で学ぶというチャンスをつかんだ。というのも、北京に滞在中、名門校の人民大学附属中学（中高一貫校）の劉彭芝《リウポンチー》校長が生徒たちを引率し、児童芸術団の公演を見に来

人民大学附属中学の同級生たちと（写真提供：王紀言）

ていたのだ。劉校長は公演にとても感動し、舞台裏の小さなスターたちを訪ねて、カイサーともう一人の子に問いかけた。「きみたち、北京で勉強したいかい？」「ハイ」。二人が即答したのは言うまでもない。

公演を終え、故郷へ戻ったカイサーは、間もなく北京へと旅立った。ステージに上がるためではなく、学校に上がるために。しかし人民大学附属中学の門をくぐると、そこが北京ひいては中国トップクラスの名門校であり、「勉強家の集まり」と称されていたことにようやく気づいた。授業中、先生が話すことはまったくと言っていいほど理解できず、自分の基礎学力がクラスメートと大きな隔たりがあることを思い知らされたのだ。「どうしよう。勉強が続けられるかな」。カイサーの心は揺れ動いた。だが、結局ひるむことなく、前に進もうと決意した。

「北京の名門校に通うチャンスは、誰にでもあるものではない。私のような少数民族やパミールのような辺境地では、基礎教育でさえ北京に追いつかないことがある。だから貴重なチャンスを逃すわけにはいかない。追いつくためには全力を尽くそう！　私は当時そう考えたのです」。こうして人一倍のがんばりがあったからだろう、カイサーの進歩は目を見張るほど早かった。音楽や踊りに長けていたので学校の男子ダンスチームに入り、さまざまな文芸イベントに出演して、あたかもキャンパスのアイドルになったかのようだった。

ある日、五彩カシュガル児童芸術団の教師が、世界的なミュージカル『キャッツ』の中国公演にカイサーを連れて行ってくれた。生まれて初めて音楽と歌とダンス、演劇を一つにした華やかなパフォーマンスを見た彼は「なんてすばらしいんだ！　それにおもしろい！」と心の底から感動した。それまで北京でも多くの演芸を見てきたが、『キャッツ』ほど興奮や刺激を与えてくれるものはなかった。とくに舞台で鮮烈な存在感を放つ、個性豊かな猫たちは、忘れられないものとなった。

ミュージカルとの偶然の出合いは、カイサーの心に火をつけたかのようだった。さまざまなルートを通じてミュージカルについて学びはじめ、知れば知るほど興味を持った。

『キャッツ』だけでなく、『雨に唄えば』などのミュージカルＤＶＤもオンラインで購入し、週末の休みになると何度も繰り返し鑑賞した。雨が降れば外に出て、有名な雨の中のダンスシーンをまねてみるほど夢中になった。

高校三年生になり、大学や専攻といった進路を考えはじめた彼は、突然ミュージカルを学びたいという思いにかられた。ちょうど日本にはミュージカル劇団として知られる「劇団四季」があり、新人を募集していると耳にしたばかりだった。だが、採用される中国人はほとんどが舞踊学院や音楽学院といった芸術系大学の卒業生で高校卒業生は少なく、少数民族の高卒生となると皆無だった。

あえて困難に立ち向かうことは、夢を追うカイサー少年にとって唯一の選択肢であった。児童芸術団の教師が応募書類の取りまとめを手伝ってくれ、東京にいる友人を通してそれを劇団四季に届けた。やがて面接を受けに来てくださいとの返事があり、二〇一四年七月、カイサーは、五彩カシュガル児童芸術団創立者の王紀言《ワンチーイエン》氏（香港・フェニックステレビ元局長）のつきそいで、夢をつかむために日本へ向かった。

劇団四季の面接官たちは、カイサーにいくつか質問したほか、特技を披露してもらい、最後にこのような結論を出した。「あなたは美しく魅力的で、すばらしい俳優の卵ですが、プロとしては歌唱とダンスの基礎がゼロに等しい。帰国して専門的なトレーニングを受けてから、また面接に来てください」と。

「ああ、自分はなんて浅はかだったんだ、と思いました。でも、そんな失意の中で帰国の準備をしているとき、劇団四季の創立者の一人で代表の浅利慶太さんから突然、お呼びがかかったのです。『あなたが遠くからわざわざ面接を受けに来てくれたのは、並大抵のことではない。もしここで数年の間、一生懸命レッスンを積む覚悟があるなら、研究生として受け入れることは可能だ』とのことでした。『もちろん覚悟しています。一生懸命勉強します』と即答したのは言うまでもありません」

ついに夢の舞台に立つ

二〇一四年秋から、カイサーは正式に劇団四季でのトレーニングを始めた。研究生（入団一年の新人）はプロコースの勉強とトレーニングはもちろん、毎朝掃除をしなければならなかった。そうした日本のしきたりは問題ではなかったが、彼をまず悩ませたのは言葉の壁だ。授業でもトレーニングでも教師は日本語で教えたが、何を話しているのかまったくわからなかったのだ。

「最初の授業を受けて、もうダメだとパニックになりました。日本語がわからなければ、どうしてここにいられるでしょう。劇団の幹部たちもこの問題に気づきました。ある日、プロコースの授業を終えると、担当者に別の教室に連れて行かれ、ドアを開けると、そこには温厚そうな中年男性が座っていました。劇団が私のために手配してくれた日本語教師の平沢淳夫先生でした。その日から毎日一時間以上、平沢先生について日本語の授業を受けましたが、それは私にとって一番楽しみな時間となりました。先生はやさしくて、授業はまじめです。学習をサポートしてくれるだけでなく、生活上のいろんな悩みに耳を傾け、不安を解消してくれるのです。先生は家族のように私に接してくれました。例えば、オーディションの前夜には、いつも十一時、十二時まで練習につきそってくれるのです。先生は、私の日本語に対して『日本人と同じではなく、日本人より上手くならなければ』と望んでいました。もし日本人と変わらないなら、わざわざ外国人を〔俳優として〕使うか？　ということなのです」

プロコースが進み、日本語ができるようになるにつれて、カイサーは自信を深めた。心の底から早くステージに立ちたいと待ち望んでいた。入団して一年後の二〇一五年秋、ついにその日がやってきた。アメリカの作家マーク・トウェインの児童文学を原作として、劇団四季がミュージカルにした『王子とこじき』が、東京で上演されたのである。カイサーはその中の群衆の役で、ときには王子の近衛兵を、ときには国王に仕えるナイトを、そして後半はこじきのところまで駆けていく盗っ人の一人を演じた。最初に台本を読んだとき、少なくとも二言三言のセリフがあったので、彼は胸を躍らせた。しかも作品の初期のプロモーションビデオを見ると、近衛兵の衣装がとてもカッコ良く見えた。角ばったデザインの服、ロングの乗馬靴、編み込みのネットで覆われたヘルメット……。だが、リハーサルで舞台に上がったとき、登場シーンのほとんどは壁のように直立不動であることに気がついた。「もともと自分は活発で、元気いっぱい歌って踊れるはずなのに、どうしてこんな役

2015年秋、初めて出演した劇団四季の舞台がミュージカル『王子とこじき』だった

なんだろう」。とはいえ、心が揺れ動いたのは一瞬のことだった。嵐のあとに太陽が現れるように、それは新人が避けては通れない道だとよくわかっていたからだ。

努力は人を裏切らない。二〇一六年五月、劇団四季はブロードウェイミュージカル『キャッツ』(日本版)のキャストオーディションを始めた。カイサーは前々から演技や歌のトレーニングにいっそう励み、ついにこの待望のチャンスをつかんだ。当日、彼は三十人以上のライバル(カイサーより数年前に入団した優秀な俳優たち)から燦然として頭角を現し、人気のある「鉄道猫」の役を射止めた。読者は覚えているだろう。カイサーが人生で初めて見たミュージカルが『キャッツ』であったことを。それに鉄道猫は一番好きな役でもあった。このとき、彼が鉄道猫を演じることになったのは偶然であり、運命でもあった。カイサーはついに長年の夢を実現したのだ。

カイサーは初めて『キャッツ』に出演したときの印象を、こう語る。「ロッカールームに戻り、しばらくボーッとしていました。私は本当に鉄道猫を演じたのか？　もう舞台に立ったのか？　これからもずっとこの役を演じられるだろうか？　かなり興奮していたし、自分でもとても感動したのでした」

以来、その喜びは、カイサーが出演した計五百回以上の『キャッツ』の舞台とともにあった。二〇一七年五月六日、劇団四季の『キャッツ』大阪公演はついに幕を閉じた。一年十カ月の公演期間に約五十九万人が来場するという大ヒットを記録。翌二〇一八年八月十一日には九年ぶり五回目となる東京公演が開幕し、二〇二一年春時点でもチケット入手が難しい大ヒットロングラン公演を続けている。

劇団でもっとも明るい青年

劇団四季の幹部は、カイサーをどう評価しているのだろう。劇団の元スーパーバイザーである加藤敬二氏はこう語る。

「彼の持って生まれた才能は、ダイヤモンドの原石のようなもの。これからもっと輝きを増すでしょう。正直なところ、こんなに早く成長するとは思ってもみなかった。それはもはや偶然ではなく、奇跡です！　初めて日本にやって来て、異国の地でこれまでに経験のない仕事をしている。しかも劇団四季は、外国人に対して日本人と同じように厳しく接している。ここで生き残れるかどうかは、その人の実力しだいなんです」

確かに、専門的なトレーニングを受けておらず、高校を卒業して一言も日本語を話せない外国の少年が劇団四季に入団し、わずか数年で有名ミュージカルの人気の役を演じたのは、奇跡でなくて何であろう。だが、それは何もせずに天から降ってきたのではない。カイサーが日々汗水流して努力を重ねてきたからこそ、起きた奇跡なのである。今のレベルに到達するまで、毎日朝から晩まで約十二時間、昼休みと短い休憩を取る以外は、リハーサルを続けたという。

「緊迫したリハーサルでは、ちょっと気を抜くとすぐに厳しい加藤さん（当時、本作の振付・演出スーパーバイザー）に注意されます。実際、日本版の『キャッツ』はブロードウェイ版よりも踊りが多く、いずれもハイレベルです。だから私たちは一生懸命、何度も稽古し、一つもゆるがせにできないのです」

カイサーにもつらい教訓がある。ロングランの大阪公演では休みなく何カ月も舞台に立ち続けたため、体調をくずしてしまったことがあった。ある晩、極度の緊張からか眠れなくなり、明け方になって眠りにつくと、あろうことかそのまま寝過ごしてしまったのだ。開演前のミーティングで、いつもは時間を守るカイサーがいないことに気づいた仲間たちは大騒ぎになり、急いで彼に電話したり、代役にすぐ来るように連絡したりした。ベッドで大いびきをかいていたカイサーは、ジャンジャンかかってきた電話でようやく目覚めた。結局、間一髪で公演を遅らせることはなかったが、カイサーにとってそれは重い教訓となった。

『キャッツ』に出演して、何が一番うれしかったか？　筆者は尋ねた。

「一番うれしかったのは、舞台の始めから終わりまで自分がとても良い状態で、セリフがすべて完璧で、役者一人ひとりの演技が最高だったときです。カーテンコールで舞台から会場を見渡すと、観客の多くが笑顔でいっぱいで、しかも涙を流している人もいました。本当に感動したし、うれしかった。厳しいリハーサルを重ねたことも、この時になって初めて価値があると感じました」

　カイサーは『キャッツ』東京公演中の二〇一九年七月、子ども向けミュージカル『はだかの王様』にも出演し、主役の一人である牧場で育ったやさしい若者デニムを演じた。これまでに二作のミュージカルに出演し、主役を演じるという夢をかなえたカイサーの次なる目標は？

「もっと多くの作品を体験したい。そうすればもっとたくさん理解できるし、学ぶことができるでしょう。もしも一つか二つの役に固執したら、自分の力を発揮する余地をせばめてしまう。一番理想的なのは、いろいろな作品で主役を演じるだけでなく、主役の中でもトップになること。だから懸命に努力して、チャンスをつかんだら最高のパフォーマンスができるよう、十分に準備しなければなりません」

平沢先生はかつてこう激励したという。「あなたが努力する限り、どんな役を演じても問題ないでしょう。日本語はもう安心できるし、ふつうの日本人より正しいほどです。そしてあなたはこの劇団でもっとも明るく、楽天的な青年で、その点では無敵ですよ！」

将来の展望については、こう語る。「主演の経験をいくつか積んだら、日本の社会により説得力を持つことができるでしょう。そのときにチャンスがあれば、あるいは大学へ行くかもしれません。知識を深めて、スキルをもっと増やしたい。さらに先の夢については、今はただ、こうとしか言えません——私はパミール高原を飛び立った若い鷹。ゆうゆうと空を舞い、北京でさまざまな経験を積んでから、つばさを広げて海外へと飛んできた。これからも多くの嵐に見舞われるでしょう。でもそれを乗り越えて、立派な鷹に成長したら、生まれ育った故郷へ飛んで帰りたい。そして、新疆とパミールの発展のために貢献したいと思います」

音楽制作を楽しんだステイホーム

新型コロナウイルスが流行してから、カイサーが伸ばしはじめた栗毛色のヒゲは、あごを覆うほどになった。以前に比べるとあどけなさが消え、よりたくましくなったようだ。もちろん、ますますカッコよくなったのは言うまでもない。

「劇団の決まりでは、特別なプログラムを除いて俳優はヒゲを生やすことができません。もし、私がヒゲを生やしたら鉄道猫が演じられないし、観客にも会えなくなる。今度のステイホームでヒゲ顔が試せましたが、劇団が公演を再開したらきれいに剃らなければなりません」

劇団四季のスタッフ・キャストは二〇二〇年三月二十四日の公演を終えると、日本政府の自粛要請に応じて全員がステイホーム態勢となった。劇団はこの間、俳優たち一人ひとりに毎日体温を測ること、健康状態を記録することを求めた。また、たとえ休業状態であっても、基本給に加え一部手当てが支給されることが全員に告知された。だからカイサーは暮らしに困ることはなく、しかも気ままな「独身貴族」だ。とはいってても悩みがないわけではなく、それは孤独であることだった。実家に帰り家族といる人もいるが、彼の実家は遠く離れた中国西北部のパミール高原にあり、家族もそこに住んでいる。劇団四季に入団して六年余りになるカイサーが、休暇をもらって帰郷したのは一度だけだ。この間、どれだけ両親のもとへ帰りたかったか。子どものころのように、どれだけ雪山のふもとで鷲笛を吹き、鷹舞を舞いたかったか！　だがこの非常事態にあっては、自宅にこもる以外に選択肢はなかったのだ。

「ステイホームでの孤独を紛らわすために毎日、家族と〝微信〟（ウィーチャット、中国のＳＮＳ）や動画で連絡を取っています。日本語の平沢先生や劇団の同期生からもしょっちゅう電話がかかってくるのでうれしいし、ホッとします。それに孤独にもだんだん慣れてきて、楽しみになってきました。毎日、筋力トレーニングや家族への連絡を欠かしませんが、ほかにもインターネットで音楽理論を学び、作曲を始めました。ネットで中古楽器を購入し、近所に迷惑をかけないように静かに練習して、弾き語りのミニ動画を作ったんです。それからタジク人の鷹笛と西洋のギターのコラボレーションによる曲作りに挑戦しています。タジクの民族音楽と西洋音楽がぶつかり合い、共鳴し、よりきらびやかな輝きを放つためにね。これは私

（左）『キャッツ』の鉄道猫を演じるカイサー（左端、写真：荒井健）、（右）リハーサル中のカイサー（中央）＝写真提供：いずれも劇団四季広報部

の長期的な夢でもあります」

劇団四季はカイサーの夢をかなえるところだ。ただ、彼にとって耐え難いのは、コロナの影響で劇団が一千以上もの公演を中止して、興行収入の損失だけで約七十億円に上ること（二〇二〇年半ばごろ）。心配なのは、こうした非常事態が続くと『ライオンキング』や『キャッツ』といったロングラン公演の代表作が日本から消えてしまうことだ。カイサーが五百回以上演じてきた鉄道猫という役も消えてしまうかもしれない。だが、二〇二〇年六月十七日の知らせは、皆に再び希望を与えた。劇団が活動についてのクラウドファンディングを始めることと、同年十月から翌年までの上演スケジュールを発表したのだ。プロジェクトの支援者には、二〇二一年末までの「劇団四季ギフトコード」（公演チケットのギフト券）か、または限定版の記念品がリターンとして贈られるという。思いがけないことに、わずか三日間で一万人近くからの支援があ

コロナの自粛期間中、鷹笛を吹くカイサー（写真提供：王紀言）

り、一億円という目標額をいち早く達成した。プロジェクトが終了するまで、後百日以上も残されていたにもかかわらずである。これは、たとえ非常事態であっても、日本のファンたちの芝居への愛と劇団四季への熱い思いは変わらないことを示している。

劇団四季の吉田智誉樹《ちよき》社長は公式サイトで「ご支援への御礼」を公開し、最後にこう記している――〈現在、各演目のカンパニー一同、舞台に立つ日を心待ちにしながら、稽古に邁進しております。劇場の雰囲気が、かつてと変わらぬ気安さと明るさを取り戻すまでには、まだまだ時間がかかると思いますが、それでも「明けない夜はありません」〉。

劇団四季は、二〇二〇年十月より新作オリジナルミュージカル『ロボット・イン・ザ・ガーデン』を上演することを決定。イギリスの小説家、デボラ・インストールの同名小説を原作とするミュージカルだ。喜ばしいことに、カイサーは俳優三十人余りがチャレンジした劇団内オーディションで見事、キャスト候補に選ばれた。この演目は従来とは異なり、一人一役〔一人の俳優が一つの役〕であるため、俳優は上演に影響を与えるようなアクシデントを起こしてはならないし、それを保証しなければならないという。

こうしてカイサーは、がんばってステイホームを続けている。気分的には非常にリラックスしているし、自信もある。明けない夜はなく、まもなく夜明けがやってくるからだ。

〔二〇二一年春時点で、カイサーは大好評の同公演で熱演した〕

第3章

共に支え共に生きる

道果てしなく、真理を追求する
――日本で中国人初の農園を開き、オーガニック野菜を生産販売

10

温中申

(ウエン・チョンシェン/おん・ちゅうしん)

「株式会社JAPAN BGA本社」代表取締役会長

1950年、中国北京市生まれ。上海体育学院大学院修士課程修了。1986年、筑波大学の招聘を受けて外国人学者として来日し、医学博士号取得。その後、病気の治療から予防―食物―農業―土壌へと段階的に探究を深め、土壌改良の実験プロジェクトを行うため、長野県の広大な農場を購入。「エコファーマー認定」「有機JAS認定」などを受けて日本が認める有機野菜農業者となったほか、創業した「株式会社JAPAN BGA本社」が2015年、農業法人として認可された。現在、長野県、大分県に三カ所の栽培拠点(農園)を設立し、全国の大手スーパーなどに安心・安全でおいしいオーガニック野菜を届けている。(写真提供:温中申)

人の治療から土壌の治療まで

一九五〇年に北京で生まれた温中申は、小さいころから武術に親しみ、稽古に励んだ。その後、文化大革命〔文革、一九六六～七六年〕の時期になると、中国東北部の黒竜江省にあった生産建設兵団(訳注1)に入団し、のちに「工農兵大学生(訳注2)」としてスポーツトレーニング理論を専攻した。

文革が終結すると、中国では全国統一の大学入試が再開された。そこで温は上海体育学院の大学院に進学し、スポーツ医学とスポーツ心理学を専攻した。大学院修士課程修了後は上海市の機関の一つ、上海体育運動委員会に配属され、上海武術館の研究室で主任を務めた。

一九八六年、筑波大学の招聘を受けて外国人学者として来日。当時としては最新の脳波計を使って、中国の伝統的なスポーツ療法と中国医学の食事療法を分析し研究した。時には臨床指導も行った。また、大学で教鞭をとり、中国医学における生理医学を学生たちにレクチャーした。一方で、中国医学は西洋医学のように検査結果などのデータを用いることはない。そこで日本で西洋医学を学び直し、西洋医学のメソッドで中国医学のなぞを探究しようと試みた。彼がまとめた漢方薬のミネラルを用いた糖尿病治療に関する博士論文は、日本語と英語に翻訳され、世界保健機構（ＷＨＯ）が二〇一二年十一月にスリランカで開催した「第五十回世界総合医薬会議」（英語名“The 50th World Congress of Integrated Medicines”）で発表されて、世界の医学界から注目された。これにより彼は医学博士号を取得した。

日本の病院における温の臨床指導は、おもに食事療法と運動処方に基づいている。「サプリメントは、食物に及ばない」というのが彼の主張だ。というのも、食物は人が生命を維持したり、動いたりするために必要なカロリーやタンパク質などの基本の栄養素のみならず、ビタミンや微量元素、各種の植物性化合物、アルカロイド、フラボノイドといった機能性物質をも与えてくれる。そこには免疫力の向上、抗疲労、アンチエイジング、抗酸化、美容と健康などの生理学的調整機能も備わっている。温は、患者たちにその体が何を必要としているか、何を食べたら良くなるかを伝えている。また、体質改善が期待できるいくつかの運動や体操を教えるなど、薬物を用いない食事療法と運動療法によって、多くの患者の症状を改善してきた。それによって日本で生計を立てることもできたという。

臨床指導にあたるうちに、じつは多くの病気が予防と自己コントロールが可能であり、病気になってから治療のためにお金を使うことはないと気づいた。例えば、お酒が好きで肝臓が悪い人は、飲酒の量を減らしたり、禁酒したりして肝疾患を予防できたかもしれないが、酒好きのためにそれができないことが多い。古くは、二千年余り前に編纂された中国の医学書『黄帝内経』でも指摘されている。「上医治未病、中医治欲病、下医治已病」（一流の医者は、病気にさせない。二流の医者は、病気になりかかっている人を治す。三流の医者は、病気になっている人を治す）。この問題に気づいた彼は「疾病の予防」に、研究と臨床のベクトルを向けはじめた。

「予防を追究していくと、結局私たちが食べる物に問題があることに気がつきました。実験室での化学分析により、現在出回っている食べ物の効能といわゆる〝薬効〟が、古書に記録されたものと大きなギャップがあることが証明されたのです。人間の食物に備わる四大属性（安全、栄養、機能、感覚）のうち栄養素についてですが、これは生命を維持するために最低限必要な栄養素を除けば、ほかの微量栄養素は減少しているか、または失われています。こうした食物成分の変化は、人の健康に大きな影響をおよぼします。例えば、現代の人々がお腹いっぱい食べているのに、栄養が足りていない『隠れ飢餓』現象は、微量栄養素の欠乏が原因です。というのも、人は栄養素が不足していると空腹を感じますが、微量栄養素が不足していても空腹を感じないからです。じつは満腹によって引き起こされるこの慢性疾患は、空腹による栄養失調よりもひどく、その健康被害はもとに戻すことができない。とくに子どもの場合、成長してからそれを補おうにも遅いのです」

「食物の問題をさらに追究していくと、まさに〝食べることは農業的行為である〟と言われるように、農業に問題があることに気がつきました。以前、私は多くの人に、その財力とエネルギーを農業に傾けようと呼びかけましたが、誰もが無関心で反応しませんでした。だったら自分がやろうと。これが私の〝棄医従農〟〔医者をやめて、農業に従事する〕に至ったいきさつです。こうして二十年もの間、農業に携わってきました」

「農業をやってから、問題の根源は、土壌と生態の問題にあることがわかりました。土壌生態系とヒトの細胞栄養源とは、神秘的な糸でつながっていることに気がついたのです。肥料技術の欠陥により、本来土壌にあったはずのエコシステム（生態系）が破壊され、農産物の栄養成分やバランスに変化が生じています。土壌からのものは、先ほども触れたヒトの細胞の栄養にとって重要な微量栄養素がいろいろありますが、それが今ではどんどん少なくなっている。私の知る限り、土壌エコシステムの再構築について深く研究した人は、世界でも誰もいません。もし新しい農業改革が起こるとすれば、それは本来の土壌と生態を取り戻すための革命かもしれません」

本当の健康食品を人々のもとへ

病気の治療から予防へ、予防から食物へ、食物から農業へ、農業から土壌へ――。温中申が取り組む課題は、しだいに複雑になっていった。こうして彼は絶えず追求し、立ち止まることはない。自分の人生哲学については、こう語る。

「じつは、私の人生観は、人生と生命の真実を探究することにあります。人はなぜ生きるのか？　生命のメカニズムはどうなっているのか？　生命の本質とは何か？　さまざまなルートから知りたいのです。そのため、これまでに多くの〝大家〟を訪ねました。アメリカ人、インド人、台湾人、チベット人などの専門家です。〝生命の悟り〟を得るために、何度も山奥に入って座禅を組んだり、修行をしたり、最長で三カ月間続けたこともありました」

古代中国の思想家・哲学者の老子を祖とする学派「道家」の思想に、「小隠は山に隠れ、大隠は市に隠る」という考え方がある。これは、真の隠者とは浮世を離れて山中にこもり、形式的に忘我の心境にいたるのではなく、世俗的で騒がしい町中でも煩わされることなく超然として、それを楽しむという意味だ。俗人にまじって町中に隠居してこそ、魂が昇華されるということだ。

明代の哲学者、思想家で陽明学の始祖である王陽明は、「人はすべからく事上に在って磨錬す」（人は、事に当りつつ意志を鍛錬する）と主張し、「知行合一」（知識と行為は一体であること、本当の知は実践を伴わなければならないこと）を説いたが、これも前者と同じ考えによる。温中申はしだいに、自分は必ず現実界に出て、社会に貢献しなければならない、その過程で心を平静に保つことができれば、それこそが中国武術で重視される「功夫」（カンフー、練習・鍛錬・訓練の蓄積）である、と考えるようになった。この境地にいたるためには、一つひとつのことに真摯にあたり、それを追求し、困難に遭ってもひるんではならなかった。彼の〝鍛練〟を今日まで支えてきた二つの信念がある。

第一に、世界のより多くの人々に、本当の健康食品を食べてもらいたいということ。彼の研究開発の成果によって、環境保護にも貢献していくこと。第二に、毎日苦労をいとわず働く農家の人々に、より多くの収益をもたらしたいということ。つまり、彼は「土壌生態系の回復、農家の増収、食の健康、豊かな社会」の実現に向けて全力を注いでいる。

土壌問題の所在を明らかにするために、温は日本の農村を調査しはじめた。最初は、土壌の劣化を引き起こしたのは単に残留農薬だろうと考えていたが、後になって、化学肥料の乱用が本当の原因であることがわかった。農薬はおもに病害虫の防除に使われるが、化学肥料は作物に栄養を与えることを目的としていて、作物への食品とも言える。

それでは、化学肥料はいったいどのようにして発明されたのか？　古代、人類は「焼き畑」農業に従事していた。肥料には人々の自給肥料、つまり堆肥を使っており、その最大の特徴は「環境にやさしい」ことであった。こうしたエコロジカルな農業によってできる作物は、前述の四大属性（安全、栄養、機能、感覚）を備えているが、ボトルネックは生産量が少なすぎることだった。これが、いわば第一世代の農業だ。

近代（約百年前）になると、科学者たちは堆肥が植物に吸収されるとき、その成分を分解して吸収していることを発見した。そこで知恵を絞って、人工的な方法で最後の部分をシミュレーションし、「分解する」という一部プロセスを省略することに成功したのだ。こうして人工的に作られた化学肥料が生まれ、その結果、作物の生産量が大きく増加、人類の社会・経済の発展をうながした。化学肥料の発明で、第二世代の農業がもたらされたのだ。

しかし数年後、化学肥料により作物の生産量は増大したが、副作用がかなり大きいことがわかった。まず明らかになったのは、作物の栄養素が単一化したことだ。さらに人工的に合成された肥料であるため、効果は早いが、吸収率は非常に低く、おおよそ三〇％以下でしかない。つまり化学肥料一〇〇キログラムを散布すると、植物は三〇キログラムしか吸収しないため、残りの七〇キログラムは土地に蓄積される。こうして、土壌に多くの塩類と化学物質が蓄積し、エコシステムが破壊されてきたのである。土壌の汚染は作物の病害虫の多発を引き起こすが、それを防除するためにさらに多くの農薬が使われ、やがてその土地の汚染はますます深刻になる。土壌からもたらされる食物に含まれる、ヒトの細胞の新陳代謝にプラスになる微量栄養素も、やがて消失してしまうだろう。化学肥料や農薬による土壌汚染は、さらに地下水や河川の汚染をも招いている。こうした問題は、欧米あるいは日本のような先進国で早くから指摘されてきたが、現在にいたるまで抜本的な解決をみていない。幸いこれら先進国による農業の第二世代は百年以上の時を経て、問題の発生が段階的になってきており、それほど急速には進んでいない。しかし中国の場合は異なり、ここ数十年の改革開放でようやく化学肥料を大量に使いはじめたところだ。それは諸外国が百年以上にわたって行ってきた農業のプロセスが、ギュッと凝縮してもたらされていることになる。だからこそ、より有害で深刻なのだ。

土壌改良と農場創業の苦難の道のり

では、第一世代の有機農業のメリットを保ちつつ、第二世代の化学肥料農業のデメリットを克服する手立てはあるだろうか？　それは、人類による農業の発展が向きあう大きな課題となっている。

劣化した土壌を再生し、失われた土壌のエコシステムを回復するのは、たやすいことではない。それには、いくつかの異なる分野にまたがる学際的な学術的背景と、綿密な調査研究と実験が必要になる。温中申は、一方では関係する大学や研究機関を訪ね、各分野の学者たちと率直に意見を交わした。また一方では、地方へと足を運び、日本の農業従事者（農家、農業者）の支援や協力を求めてまわった。身を持って感じたのは、どこの国の農家でも限界性があることだった。つまり日本の農家にも現実的かつ保守的、排外的なところがあった。温は、自らが研究開発した土壌改良肥料を試してもらうために農家を説得し、無償でそれを提供し、さらにはボランティアで農作業にかかわった。例えば、麦の刈り入れ、刈り穂積みなどで、一連の作業は数日間続いた。彼の言によれば「日本にやってきて、今は農家に奉仕しています。ちょうど、昔の八路軍（日中戦争時に華北方面で活動した中国共産党軍の通称。現在の人民解放軍の前身の一つ）が村に入り、お百姓さんのために水桶を担いだり、柴を刈ったり、作物を収穫したのと同じ」だという。にもかかわらず、日本では時折、一部の人から冷たい目で見られたり、冷遇されたり、うまくいかないと叱責されることもあった。しかし、人々に本当の健康食品を食べてもらいたいという強い信念があった彼は、さまざまなプレッシャーやストレスを乗り越えて、歯を食いしばって努力してきた。

このように他人の土地を頼って実験を続けるのは不便なことが多く、長期的なプランでもなかった。結局、温は北京にある不動産（持ち家）を売却し、長野県で二〇ムー（一ムーは約六・六六七アール）を超える広大な農場を購入した。土壌改良の実験プロジェクトを行うためだ。このプロセスにも、幾多の紆余曲折があった。

まず、日本の法律には、いわゆる〝農家〟（農作業常時従事要件など、農地法に列記された要件の全てを満たす者）でなければ農地を買うことができず、農地も転用してはならないという厳しい規定がある。そのため温は、地元の長野県に対して農業資格と農場経営に関する申請を行い、一連の手続きを済ませるために、東京と長野を何往復もした。農地を購入する際に、あろうことか詐欺に遭い、刑事訴訟を起こして事件を解決したこともあった。

こうして努力は報われ、温はついに二〇一三年、長野県知事による「エコファーマー認定」と、農林水産大臣の認可を受けた登録認定機関による「有機ＪＡＳ認定」を受けた。「環境にやさしい農業に取り組む計画」を実践し、日本が認める有機野菜を作る農業者になったのだ。また、野菜作りの研究農園として創業した彼の会社、株式会社ＪＡＰＡＮ ＢＧＡ本社は二〇一五年、農業法人として正式に認可された。

温中中は日本で初めて農園を開いた中国人になったのである。彼によると、日本の自治体は審査の中で、申請者が本当に農業をやっているかどうか、経営耕地面積と売上高が一定の規模に達しているかどうかを重視していた。例えば、野菜を作るのが家庭菜園だけであれば、絶対に通らないのだ。

農園を経営するために、温は貯蓄のほぼすべてを投資した。農業の研究開発はかなり骨が折れるし、時間がかかる。野菜の植栽実験のサイクルは半年から一年。まず種をまき、それから首を長くして待ち、春が去って秋が来て、ようやく失敗に気づくこともあった。だが、この間に生じる農園スタッフの賃金、原材料費、光熱費などの諸経費は、すべて負担しなければならない。失敗すると大きな損失を被ることになる。温は経済的にだんだんジレンマに陥っていった。プライベートでもちょうどそのころ息子が生まれ、一番出費がかさむ時期と重なった。ずっと彼の仕事を支えてきた妻も動揺しはじめ、「このままいったら、どうやって暮らしていくの？」と農園を辞めるように夫に勧めた。

「私自身、何度もあきらめようとしました。実験サイクルが長丁場になるだけに、耐えられなかった。でも、いやされたのは、毎回の実験結果が望んだ通りにいかなくても、一歩前進したと思えたからです。農業革新は、歴史工学とシステム工学によって起こるもので、その中には多くの要素が含まれている。失敗は避けられませんが、重要なのは繰り返し間違いを犯してはならないということ。だから間違いを一つずつ正していく。そうすると成功まであと一歩のところまで近づくのです」

改良型の土壌肥料技術の意義

十八年間の奮闘の末、温中申はついに自身の〝収穫〟の日を迎えた。土壌エコシステムの回復、植物の栄養、植物の免疫、そしてヒトの細胞の栄養という四つの機能をあわせ持った新しい機能性有機肥料を、彼の手で生み出したのだ。「この肥料を畑に散布すると、土壌化指数が三日も立たずに変化します。日本の権威ある分析試験機関、日本食品分析センターの検査により、この改良された土壌に植えられた作物は、かつてあった栄養価のみならず、かつての味も取り戻したことがわかりました。安全性はＥＵ（欧州連合）の残留農薬ゼロ基準をクリアし、栄養価は日本の標準（文科省・日本食品標準成分表のデータ）を超えています。この新しい有機肥料は化学肥料といっしょに使うことができ、しかも化学肥料の吸収率を九〇％以上に高められる。そのため化学肥料の量を大幅にカットすることができるのです。作物の生産量は、一般的な化学肥料と農薬で作られたものと同等か、または作物によってはその生産量を上回るほどなのです」

温中申が開発したこの新しい有機肥料は、どのような原理なのか？　どんな原料を使っているか？　開発された意義とは？　それについて、彼はこう説明する。

「原生林はなぜ、人工肥料や農薬の散布を必要としないのに、そびえ立つ大木に成長するのでしょうか？　学際的な研究を通じて、私たちはまず、原生林土壌のモデルを見つけました。次に、三つの多様化技術（光反応、微生物共生、微量元素群）を用いて、原生林の土壌生態サイクルをシミュレートし、ヒトの細胞の栄養と多様な植物の栄養、植物の免疫のニーズに応じ

新しい機能性有機肥料を発酵させて生産している（写真提供：温中申）

て改良型の土壌肥料技術を開発したのです」

「自然界には動物や鳥などがいて、そして食物連鎖があるように、大きな環境には大きな生態系があることは誰もが知っています。農地でギュッとつかんだ土にも、いろいろな微生物、鉱物、有機物、化学肥料などからなるエコシステムが存在します。土壌改良とは、それらのものを自動的に循環させることができる生態圏を作ることです。〔不要だからと〕一つひとつ取り除くことではありません。微生物には小さな虫も含めてみな存在理由があり、土壌の五％を超えない限り、私たちはそれを取り除いたり、手を加えたりはしません。もちろんバランスの問題があり、主客転倒させることはできません。雑草も同じで、それは作物と共生できますが、一定の比率が必要です。雑草を主とする共生ではだめで、作物を主とする共生にしなければなりません。また作物は生産量を多くするべきで、でないと共生の意味はありません。私の農園のトマトに虫がつかないわけは、最初から虫がすむような環境を作らないからなのです。こうした目標を達成するためにしたことは、やはり肥料と切り離せません。肥料の原料はすべて自然界からのもので、つまり昔、農家で作られていた堆肥からです。私たちは最新のテクノロジーで、それを刷新したのです」

温は、この開発の意義についてこう語る。「第一世代の有機農業と第二世代の化学肥料農業のメリットに基づいて、農産物ブランドの品質規格を再定義したことです。この開発の運用を通じて、食の安全、栄養と健康の理想を実現できるだけでなく、農業経済の発展における〝次世代ＥＰＡ農食健一体化システム〟〔後述〕を促進することができるのです」

次世代ＥＰＡ農食健一体化システムの確立へ

最近、温と連絡を取ったのは二〇二〇年七月で、その農業プロジェクトが順調に発展していることを知った。すでに日本国内に三カ所の栽培拠点を設立。長野県・八ヶ岳のふもとにトマトをおもに栽培する直営農園が二カ所あるほか、九州・大分県に熱帯パパイヤの共同農園があり、いずれも彼が研究開発したＥＰＡ技術を使っているのだという。

ここ数年、温のプロジェクトで最大の成果と言えるのが「次世代ＥＰＡ農食健一体化システム」だ。では、そのＥＰＡとは何か？

「Ｅ」は、Ecological〔エコロジカル〕、Environmental〔エンヴァイロンメンタル〕のＥで、土壌の「残留化学肥料ゼロ」と農産物の「残留農薬ゼロ」を実現する、環境にやさしい栽培技術を意味している。

「Ｐ」は、①Preventive Medicine〔プリヴェティヴ・メディスン〕のＰで、予防的ヘルスケアという意味のほかに、同じ頭文字Ｐから、②Precision〔プリシジョン〕＝精密化、③Profitability〔プラーフィタビリティ〕＝収益性、低コスト・高収益という意味もある。

「Ａ」は、Agro-food-health system〔アグロフード・ヘルスシステム〕のＡで、農食健〔農業・食品・健康〕一体化システムを指している、という。

「次世代ＥＰＡ農食健一体化システム」とは要するに、ヒト細胞栄養学にマッチングした土壌の生態回復、精密農業・無害化による植物保護、ヘルシーでおいしい農産物を実現するハイテクシステムのことである。このシステムをどのように導入したのか、彼はこう説明する。

長野県・八ヶ岳のふもとでトマトを栽培する直営農園のスタッフたち（写真提供：温中申）

「まず、完全な産業チェーンを確立しました。つまり土壌浄化から始めて、あらゆる農業生産資材（おもに温が開発した新しい有機肥料）をＥＰＡ規格にしました。そして栽培拠点を設立するとともに栽培農家を組織化し、作物をブランドとして市場に出し、消費者のテーブルに提供しているのです。

次に〝食育〟（食に関する知識を育てること。食への意識を高め、健全な食生活で心身を養い、豊かな人間性を育むこと）の推進です。これらをワンストップでつなげて、自社で管理する産業チェーンの運営拠点（プラットフォーム）を確立してきたのです。

私たちはピラミッド型の巨大な組織をつくるのではなく、ブロックチェーン（分散型ネットワーク）思考モデルを採用しています。ブロックチェーン内の各企業や個人が、私たちが提供するテクノロジーや計画、トレーニングに従って、しっかり運営すればいい。互いの取り引きは、点と点で行われます。つまり経済的にはすべて独立しています。例えば、機械の中にはさまざまな歯車があり、それぞれが定位置で動いていますが、どの歯車も機械なしでは正常に動くことができないのと同じです。もちろん、テクニカルサポートや資材の割り当て、取引対象、作物の価格、株式などの重要な問題については、プラットフォームが決定を下します」

温にはさらに夢がある。それは、アジアを中心とした「次世代ＥＰＡ農食健一体化システム」の国際的なプラットフォームを作ることだ。アジアに目をつけたのは、農業条件がほぼ変わらず、精密農業を行うのに適しているからである。そのため目下、中国で先見性のある有能なパートナーを探している。

新型コロナ禍でも事業を発展

筆者がインタビューした在日中国人の中で、温は唯一新型コロナウイルスの影響を受けることなく、その事業を発展させた人物だ。まず、各農園でのオーガニック野菜の栽培や生産を中断させずに、すべて計画通り運営している。コロナの流行により一攫千金のようなことはないが、人々の健康食品への関心はいっそう高まり、注文は確実に増えているという。

そもそも日本で市場を開拓した数年前には、販売先を求めて業者に無料で農産物を送り届けた。日本全国のスーパーマーケットを対象として、温が実際に駆け回ったのは七十〜八十社を下らない。その中で反応があったのは二社だけで、うちの一社は数年後に最大の得意先となる株式会社九州屋〔本社・東京、東証一部上場グループ子会社〕だった。青果専門店の「九州屋」を全国に九十店舗以上展開する企業で、いずれもハイエンドな商品を販売している。この会社は三年にわたり温の事業に注目しており、両者は二〇一六年に正式に契約した。しかもそのとき、九州屋はこう言った。「〔トマトを〕作った分だけ、買い取りたい」と。コロナが流行してからも、先方の注文は増える一方だという。こうして温のプロジェクトの資金繰りは順調に回っている。

「私たちの農園は、その土地の生態系を本来の自然生態系へと回復させる農園です。とても健康的な場所なので、どんなウイルスの感染にも強い。それが、私たちの長所でもあります。もし、新型コロナの影響があったとすれば、それは中国での委託加工資材の一部が輸入できなかったことですが、実損には至りませんでした。この件は、中国で人件費の安さを求めるだけでなく、農業資材の安定供給を確保するためには、生産を現地化しなければならない。そのことを気づかせてくれました。中国側を現地化し、日本側も現地化する必要があります。そうすれば作業効率もアップします。これは、私たちのコロナ流行期に得た啓示であり、流行後に起きるであろう変化なのです」

コロナの感染拡大はまた、彼に好影響をもたらした。つまり「リモートコントロール」と「リモートガイダンス」の導入だ。

「これは大きな改善になりました。これまで中国側に何かあれば、現地に飛んで解決する必要がありましたが、コストがかかるし非効率でした。しかしコロナの流行が、この二つのシステム確立を余儀なくさせた。私たちの日本の分析センターでは、中国から送信された現場写真を使ってスペクトル分析を行い、作物栽培の問題を検出して解決することができます。コロナの影響で仕事がヒマになった人もいるでしょうが、私はかえって忙しくなりました。〝オンライン授業〟や〝オンライントレーニング〟といった新しい仕事も増えたからです」

新型コロナの人類への啓示とは？

「今回の新型コロナを通じて、人々は健康が何よりも大事であることがわかりました。健康を維持する方法はいろいろありますが、基本はやはり食物です。健康的な食事をすれば免疫力が高まり、病気になりにくくなる。そして、食べることは必ず農業に関係しています。これまで農業は、衣食を満たすために技術を開発してきましたが、それは立ち後れた時代の要請でした。私たちの〝次世代ＥＰＡ農食健一体化システム〟は、新しい時代の要請にかなうものです。土壌や耕地から始まり、私たちは一貫してヒトの細胞の栄養に目標を定めてきました。満腹になればいいわけではなく、高収量で売れればいいわけでもない。むしろ農産物と健康の一体化を保証することです。そこには深い因果関係があるのです」

新型コロナ感染拡大のマクロな視点については、こう語る。

「これは一つのターニングポイントです。今の私たちの物質的、金銭的、享楽的な要求は度を越しているのではないか？　人として、誰もがそれを反省しなければなりません。何かが度を越せば、当然、人の前に警告現象が現れます。スピード超過をしたときと同じように、交通違反の罰則を受け入れなければなりません。また、人と自然がいかに調和して生きるか、人々がいかに調和して生きるか。そうした知恵や方法は、過度の貪《とん》・瞋《じん》・痴《ち》〔仏教の「三毒」＝貪欲、怒り、無知〕によって失われ、災禍を招いてしまうのです」

では、ウイルスの流行と、貪欲になりすぎることの因果関係とは？

「まず〔因果関係の〕内因から話しましょう。もし〝天人合一〟〔天と人とは一体である、自然と人は調和するとする中国の哲学概念〕という理念で生活すれば、その人の免疫力は高まり、感染率はしぜんに低下します。〝ウイルスに感染すると病気になる〟という意見は、実際にはメディアなどが人為的に作り上げた錯覚です。次に外因についてですが、誰もが外因ばかりを重視して、外因が内因を決定すると考えている。しかし、私はそうは思いません。あなたのライフスタイルが、自然や動物、他人、社会にやさしいといった本来守るべき正しいものであれば、体の免疫力が高まり、ウイルスに抵抗できる確率も高まる。これは重要な自然の法則ですが、今や人々のライフスタイルはこの法則にまったく違反しています。自分の食欲を満たすために多くの命を奪っている。例えば〔中国では〕各地の海鮮市場がウイルスの発生源かどうか定かではありませんが、少なくともウイルスを広めた媒介と言えるでしょう。また、目前の利益のみを追求し、環境保護のコストを考えない産業もあります。生態環境がいったん破壊されると、破壊された環境に適した微生物が増えだして、それに伴いさまざまな奇病も現れます。人類がこうした問題をよくよく考えなければ、今後も災難に見舞われるのは必然でしょう」

エコ農業をリードする、温の自然観と環境保護への取り組みは、壮大だった。

直営農園で作られた「栽培期間中化学農薬100%不使用」の「アンチエイジング野菜シリーズ」のトマト（写真提供：温中申）

（訳注1）　文革時、中ソ衝突に備えて組織された開墾と辺防にあたった準軍事的政府組織の兵団。

（訳注2）　文革で休止されていた大学を毛沢東が再開することを決めた際、おもに一九七〇年代の文革期に、大学生として推薦で入学した工場労働者、農民、軍隊の兵士のこと。

保育園「暖嬰屋《ヌアンインウー》」はいかに創設されたか
——日本式保育を中国に取り入れたパイオニア

11

王佩瑭

（ワン・ペイタン／おう・はいとう）

保育園「暖嬰屋国際幼保学園」経営者

1986年、中国浙江省湖州市生まれ。浙江師範大学卒業。育児にかかりきりになった経験から「0歳児から預けられる日本式保育施設を中国に造りたい」思いがつのり、自ら出向いた東京の私立保育園の経営者と2年がかりで提携。2018年、共同出資により、上海市内に100％日本式の保育サービスを行う「暖嬰屋国際幼保学園」を設立した。同学園では、中国人の先生のほか、日本の保育資格を持つ日本人を5人雇用。園長も経験豊かな日本人が務めている。日中の保育システムのギャップに苦悩しながらも、「それぞれの良さを身につけた、優れた人材を育てたい」と奮闘している。

提携先を探して子連れで日本へ

東京の私立保育園「愛嬰《あいえい》幼保学園」に二〇一六年三月、二歳の女の子を連れた若い母親が中国の浙江省湖州市からやって来た。母親の名は王佩瑭。娘を生んでから育児にかかりきりで、自分のことを何もできなくなってしまった。地元はもとより中国全土でも乳幼児の保育施設がほとんどないのだという。

心身ともに疲弊した彼女は、こう考えていた。「同じような境遇の親は多いはず。〇歳児から預けられる保育施設を中国で造れば、ふびんな親たちを解放してあげられる。必ず需要はあるし、巨大なマーケットがある」

調べてみると、隣国・日本の保育システムが最も完成されていて先進的だとわかった。だから日本で提携パートナーを探し始めたのだ。

友人の紹介もあり、応対した同学園の経営者は、那須《なす》暁雍《シアオヨン》(同学園会長、株式会社愛嬰代表取締役)。偶然にも同じ中国浙江省出身の女性で、来日後は幼子《おさなご》を抱えて苦労の多い日々を過ごしてきた。それで二十数年前に、異国の東京で「日本初」となる二十四時間対応の乳幼児保育園を開いていた。彼女も王の訴えがよくわかったし、心から同情したが、やはり受け入れることはできなかった。というのも、これまで事業に力を注ぐあまり、自分の子どもにあまり構ってやれなかったという思いがあった。五人目の子が生まれたとき、仕事は日本人の夫に任せて、自分は生後間もない子の育児に専念しようと決めたからだという。

那須に断られた王は「子を思わない親はいない」と、やはりまだ幼い子を見つめて途方に暮れた。しかし簡単にはあきらめないのが彼女の良さでもある。

一人っ子として生まれ育ち、小さいころから頑固なところがあった王は、プレッシャーが大きければ大きいほど乗り越えてしまう強さがあった。あるとき「高校を出たら音楽を勉強したい」と母親に打ち明けると、「そんなの妄想だよ」と笑われたことがあった。躍起になった彼女はピアノを二週間ほど猛レッスンして、地元の名門である浙江師範大学の音楽学部に見事合格した。母親は「運が良かっただけ。大学に入っても勉強についていけないよ」とたしなめたが、奮起した彼女は毎年、優秀な成績を収めて奨学金を持ち帰ったのである。

こうして、AQ（逆境指数）の高さで何でも乗り越えてきたが、王にとってこの愛嬰幼保学園は四園目。大阪や名古屋ですでに三園に提携を断られていた。友人が那須を紹介してくれたとき、彼女は暗闇の中に「救世主が現れた」と期待を寄せた。これまでの三園とは異なり、那須は中国人〔中国名＝応暁雍《インシァオヨン》〕なので言葉の壁はない。しかも五つの保育園を経営する実業家であり、実力も経験も十二分にあった。初めての面会で提携の話は断られたが、それでも王は落胆しなかった。那須も同じように子どもへの愛情が深く、子どものためには一切を惜しまない女性だと見抜いたからだ。それで王は「情に訴え、道理で説得する」方法をとり、押しの一手でいくことにした。

情に訴え、道理で説得する

「ようやく、長年日本で保育園を経営している、私の育児理念とピッタリ合った中国人と出会えたのに、あきらめられるわけがない。それから二年間、積極的に彼女とコンタクトを取り、何度も来日しては彼女の保育園でボランティアをしました。そしてできるだけ早く中国で保育園を開きましょうと説得し続けたのです。この事業の中国マーケットがいかに大きく、前途が有望か。私は以前金融の仕事をしていて資金調達力があるし、あなたには日本での幼児保育と経営の豊かな経験がある。互いに補い合えますよ、と繰り返し勧めたのです」

それでも那須は「自分の子育てがあるからできない」の一点張り。しまいには耐えきれず、王は那須に向かって思わず叫んだ。

「中国のママがどんなに大変か知らないの？　あなたは中国人で、日本で成功した企業家でもある。中国に帰って貢献すべきじゃないの！」

それからしばらくして、那須がついに重い口を開いた。「何度も足を運んでくれたし、こんなに熱心に提携を勧めてくれた。あなたとなら、できるかも。やってみましょう！」

その一言を得るために、王は丸二年を費やしたのだった。

初の日本式保育園を設立

情熱はついに実った。二人が正式に契約したのは、二〇一八年三月。資本金五百万元の合資（共同出資）で、上海市長寧区に「暖嬰屋国際幼保学園」（以下、暖嬰屋と略）を設立し、一〇〇%日本式の保育サービスを行うため、日本の保育資格（幼稚園教諭、保育士）を持つ日本人を五人雇った。園長には大学で幼児教育を専攻し、上海の日系幼稚園で十数年園長を務めた経験を持つ日本人、柏原佳子さんが就任した。中国事情に詳しいばかりか日本の保育にも精通している、園長としてまたとない人材だった。

保育園の内装は、日本から招いたデザイナーが担当した。カラフルな色彩で、ファンシーな模様やアニメキャラがあふれ返る中国の幼稚園と比べると、暖嬰屋の内装はさっぱりしていて落ち着いている。家具は全て木製で、部屋を取り囲むようにして置かれたラックの中の中日英三カ国語の絵本が目を引く。こうした机やイス、ベビーベッド、消火器ボックスといった家具調度品や食器類はすべて那須が毎月の上海出張の折に空輸して一つひとつそろえたものだ。

「暖嬰屋国際幼保学園」の経営者と先生たち(前列左から3人目が王佩瑭、同2人目が那須暁雍、同右端が柏原佳子園長)

幼児教育は日本式の少人数制で行い、主に日本人の先生が通訳を介して教えている。しかも絵本を通じて、日本語はもちろん、日本の文化やマナーについても学ばせる。日本の保育園でよく使われている、記載事項の細かい「乳幼児用れんらくちょう」も、暖嬰屋の〝売り〟の一つだ。また、日本の保育園が入園前の子どもの親に配布する「保護者入園承諾書」をはじめ園児たちの朝の「健康観察表」、昼の「午睡チェック表」なども外すことのできない大事なフォームとなっている。

文化の違いが招いた「逆境」

日本の〇歳児からの保育システムを初めて中国に導入したパイオニアとして、王佩瑭は両国文化の違いによる「逆境」、つまり日本のシステムが中国の風土に合わないという問題にぶつかった。前述した「保護者入園承諾書」は、子どもが入園する前に、親が項目の一つひとつにチェックを入れて提出しなければならない。これに関して、王は二つのケースを挙げた。

保育園と保護者とのコミュニケーションを大事にしている

「日本の『保護者入園承諾書』には、肖像権の使用許可を求める項目があります。中国ではふつう見逃されていますが、あえてそれを加えました。保護者がＯＫのチェックを入れたとしても、ＳＮＳの公式アカウント上で園児の写真を公開するときは、必ず事前に保護者の同意を得ています。中国の親たちは気にかけないかもしれませんが、その都度うかがいを立てると、彼らは尊重されていると感じるのです。こうすることによって、プラスの効果が得られます」

「別のケースを挙げましょう。日本の保育園は、入園前の子どもの親に『原因不明の病気である乳幼児突然死症候群（ＳＩＤＳ）のお知らせ』にサインしてもらう必要があります。発症率は数十万分の一であるとはいえ、二歳以下の赤ちゃんにはＳＩＤＳの発

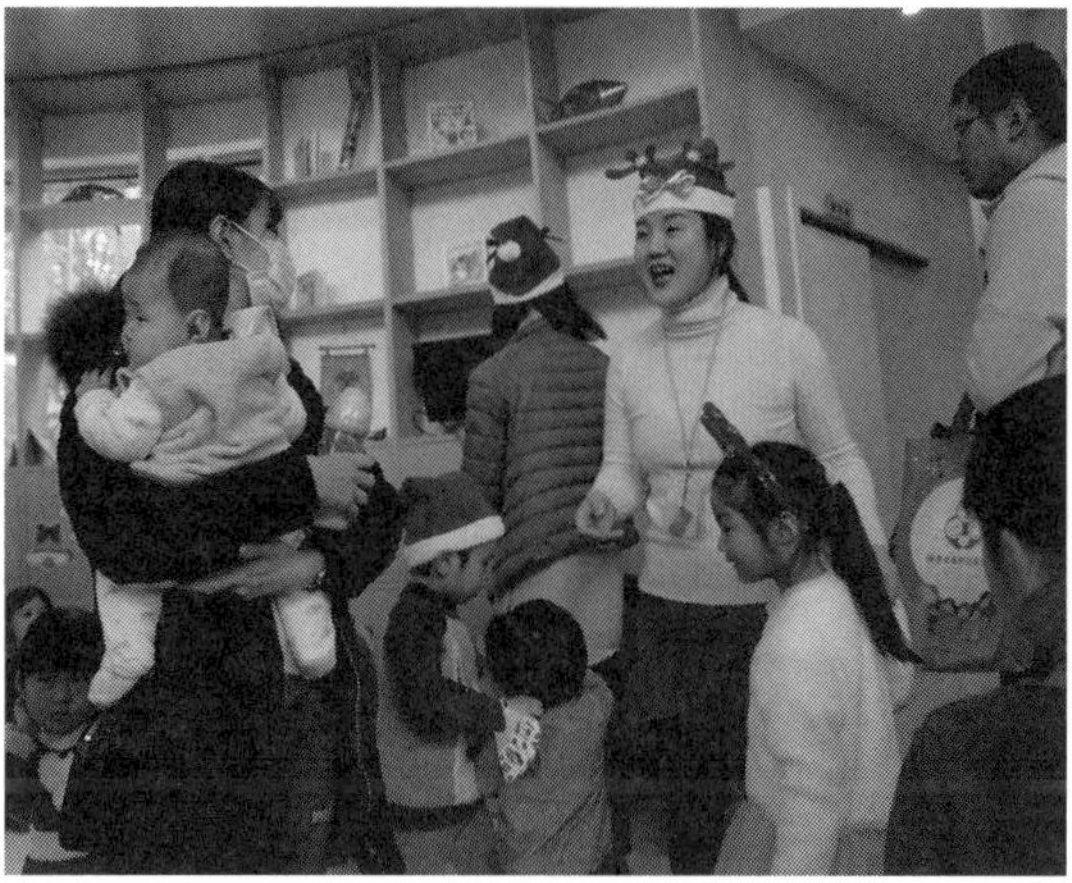

王佩瑭は日本式保育を中国に取り入れたパイオニアだ

症リスクがあります。多くの日本の親はこのことを知っていて疑いもありませんが、中国の親は聞いたことがなく、突然、ＳＩＤＳについて持ち出されてもサインするのは不可能です。私と那須会長の間で、これについて大きな論争がありました。那須会長は、日本の保育園では保護者のサインが必要だから、必ずもらわなければならないと。でも私は、こう返しました。『中国の親にサインを求めたら、きっと怖がらせてしまいます。理屈では納得できないと、必ず問い詰めるでしょう。うちの子は保育園で理由なく死んだのか、それとも虐待されて死んだのか、原因不明の突然死であるかどうかを、どうやって知るんですか』と。私たち中日二人の投資者（王と那須）は、誰も納得させられません。それから中国の先生たちも立ち上がって主張しました。『これを保護者に見せるんだったら、中国で保育園を開こうと思わない方がいい』と。そんな厳しいことを言われて、那須会長はついに妥協しました。『SIDSのお知らせ』の件を一時的に棚上げし、また話し合うことに同意したのです」

どちらが正しいかはともかく、この「お知らせ」は、現在の中国では確かに受け入れられないものだろう。

さまざまな「風土に合わない」問題はあるが、日本式保育を進めるというポリシーは、決して揺るがすことはできなかった。このポリシーを貫き、実行するという重い任務は、何人かの日本の先生たちにかかっていた。いわゆる日本式保育は、子どもの基礎体力や運動能力を高め、生きるために必要な力を育むことを第一としている。この教育理念に、王佩瑭は共感している。

「それは少しも揺らぎません。でも、中国人の先生だけならどうでしょうか。例えば先日、上海は気温がグッと下がりましたが、空気はきれいに澄んでいた。子どもを連れて外遊びをしたかったのですが、風邪をひいたら大変だ、保護者に非難されると中国人の先生がこぼしたのです。柏原園長は困って、私に電話してきました。『王先生どうしましょう。中国の先生は子どもを外に出したくない。でも今日はPM二・五（微小粒子状物質）がわずか二五（μg/m³）

しかないし、心配しすぎだと思います』。私は園長にいいました。『この保育園は日本式で、あなたはエキスパートです。あなたの一存で決まるんです』。また私は中国の先生たちに園長の意見を聞くように伝えました。ほどなくある保護者から子どもを出したくないと何度も念を押すような電話があり、私は言いました。『わかりました。今日のところは出しません。来園時にお話ししましょう』。私たちはポリシーを貫き、保護者には時に考え方を改めてもらわなければなりません。その日の午後、子どもを迎えに来た保護者と会い、私たちがなぜ寒い日でも外遊びさせるか説明し、納得してもらえました。このように多くの保護者には理解してもらえると信じています。その晩、私は中国の先生たちに、保護者に対しては保育園のポリシーにしたがって話すよう頼みました。そうすることで私たち保育園と保護者とのコミュニケーションに役立つのです」

日本の先生から何を学ぶか

暖嬰屋で、中日の子どもたちが一緒に遊んでいるところを見たなら、薄着でしかも裸足で走っているのは、日本の子だと気付くだろう。一方、厚い綿入れの服を着て、じっと立っているのは中国の子に違いない。こんな場面から、両国の子どもたちの体質の違いが明らかにわかるだろう。

王佩瑭はため息を漏らす。「中国の子どもたちは温室の花のように大事に育てられ、分厚く着込んでいますが、将来どうやって厳しい暑さ寒さに耐えるのでしょう。子どもたちが体力面で日本の子どもに追いつくことを切に望んでいます。でないと日本の子どもたちとのギャップはますます広がってしまいます」

王はすぐに行動に移した。そのかじ取りのもと、暖嬰屋は二〇二〇年上半期から日本式の幼児運動カリキュラムを取り入れることになった。日本式の子ども向け体操だ。先生の一人は中国にいる日本人インストラクターで、定期的に子どもたちに教えに来てもらう。二歳の子どもにハイハイを教えることからはじめ、子どもが大きくなるにつれ、トレーニングの内容は変わっていく。日本人の先生はこう語る。「子どもは二歳半になると大体、跳び箱ができます。子どもにスポーツを教えるのは難しくはありませんが、教える上で難しいのは幼児心理学〔子どもたちの心理を理解すること〕です。なぜなら子どもたちは失敗したとき、反応が一人ひとり異なるからです。先生は子どもたちに、彼らの自尊心を傷つけることなく挑戦しつづける勇気を持たせ、少しは挫折感も味わわせなければなりません。そのバランスを把握するのがとても難しいのです」

しばらく前に中国のSNS「微信」（ウィーチャット）で、広島のある保育園の園児たちが八段の跳び箱を跳んだシーンが拡散されたが、それは多くのネットユーザーを感動させた。何年か先になるだろうが、同じようなシーンが暖嬰屋の子どもたちによって再現されることを期待している。

先生の一つひとつの言動は、子どもの成長に大きな影響を与えるものだ。筆者は、王佩瑭と那須暁雍に同じ問いを投げかけた――中国の先生は日本の先生に何を学ぶべきか？　その答えは、次のようにまとめられる。

一、日本の先生の忍耐力。例えば、子どもが食事をするとき、先生はできるだけ手を貸さないこと。食べ散らかしても構わないという忍耐力が必要だ。子どものセルフケア能力を小さいころから育成することに意義がある。

二、人や物に接する態度。例えば、日本の先生はおもちゃを丁寧に扱い、きれいに整理・整頓する。中国の先生は、床に散らばったおもちゃを足で払いのけることがあるが、それを見た子どもは物を大切にする習慣を身につけられない。

三、仕事への勤勉さ、真面目さ。中国のインターナショナル幼稚園の外国人の先生は、ふつう掃除に手を貸さないが、暖嬰屋の日本の先生は進んで掃除をするばかりか、少しも手を抜かない。

インタビューも終わりに近づき、王佩瑭は将来のビジョンと希望について話してくれた。

「日本式保育システムを上海に導入した今、まずそれを暖嬰屋に定着させ、開花させ、実らせなければなりません。次にその成功の果実を中国の各都市へ持っていき、より多くの親子と分かち合いたい。さらに一歩踏み込んで、中日両国の幼児教育における質の高いリソースを〔私たちの〕教育に取り入れなければなりません。子どもの心の成長につれて、カリキュラムには国学や論理的思考など、中国文化の要素が増えます。私たちは日本の文化が好きなので、日本の幼児教育システムを導入していますが、実際、それは私たちの心の奥底にある、中国古代文化への称賛と渇望に深く関係しています。私たちが今、中国の子どもに学ばせている日本の文化や礼儀の多くは、古代中国の文化に由来しています。中日両国の優れた文化は、互いにぶつかったり、交流したりする中で、つねに発展してきたのです。将来の最大の希望は、暖嬰屋から巣立つ子どもたちがみな体力をつけ、文化的リテラシーを高め、中国と日本の伝統的美徳を身につけ、どこへ行っても人に負けない優れた人材になることです」

流行期も忙しかった保育園

新型コロナウイルスの影響により、総じてみれば中国の企業は日本企業よりも多くの損失を被った。というのも日本の政府や地方自治体は、売り上げが減少した事業者や企業に向けて、損失を最小限に抑えるための各種給付金を支給したからだ。しかし中国の場合、企業とりわけ民間企業にこうした公的な補助金が支給されず、あらゆる負担は企業自身が負わなければならなかった。負担が無理ならつぶれてしまう。それは「優勝劣敗」であれ「自然淘汰」であれ、〝残酷なふるい分け〟だといえるだろう。つまり、多くの民間中小企業がすでに破産したか破産寸前であり、その中には私立幼稚園・保育園も含まれるというわけだ。

「私たちの保育園は大きな打撃を受けました。上海市教育局の指示にしたがい、二〇二〇年二月から六月までは保育園を閉鎖しました。子どもたちは通いませんでしたが、毎月の家賃と先生たちの給料を支払う必要があった。この約四カ月間の損失の見積りは八十万元(一元は約十六円、約千三百万円)に上り、ほかに一部の保護者への払い戻しがありました」

彼女によれば、新型コロナの影響で、上海の多くの保育施設が払い戻しの波にもまれた。閉鎖期間が長すぎて、幼稚園がつぶれるのでは？　と心配した親たちが〝保険〟のために保育料を返金してほしいと考えたからだ。こうした親が増えれば、保育施設の破産を加速させるに違いなかった。

幸い、王の保育園・暖嬰屋で返金を求めた親は、たった一人だけだった。中には返金を求めるどころか、激励のメッセージを送ってくれた親もいた。「王先生、暖嬰屋はすばらしい保育園ですよ。私は評価しています。どれだけ長く閉鎖されても、必ず持ちこたえてくださいね。財政上の困難を抱えているなら、遠慮なく言ってください。私たち保護者はきっと全力であなたを助けますからね！」

さらに感動した出来事もある。園長ら二人の日本人の先生がこの間、上海に残って仕事を続けてくれたほか、閉鎖中の給与を辞退し、こう申し出てくれたのだ。「限りあるお金です。先に中国の先生方に支給してください。彼らにも生活がありますから」

王は、こうした思いやりにあふれた親と先生がこの保育園にいることをうれしく思った。

ところで、新型コロナの流行期、暖嬰屋の先生たちは閉鎖中にもかかわらず忙しかった。動画によるオンライン教育カリキュラムを立ち上げ、月曜から金曜まで毎日内容を更新したのだ。しかも当園の園児だけでなく、カリキュラムに興味を持つ人たちにも公開し、暖嬰屋と多くの親子とのつながりを深めていった。それはまた子どもたちの中退率を下げ、入園率を上げる役割を果たしたのである。

王を安堵させたことはまだある。上海市教育局がようやく二〇二〇年六月からの保育施設の再開を許可する通達を出したのだ。その後、七月下旬時点で二十人以上の子どもたちが暖嬰屋に戻ってきており、状況は改善している。

実は、彼女にリモート取材をする前日のこと。上海市衛生局が暖嬰屋に対して抜き打ちで立ち入り検査をしたのだが、その厳密な保育システムは高い評価を受けたという。

「子どもたちを丸一日観察する基準が、当局の規定よりもはるかに詳細にわたるからです。例えば、子どもの体温は一日に四回測定し、鼻水があるかといった細かなようすも記録します。お昼寝のチェックはさらに細かく、当局の規定では十五分ごとですが、私たちの保健の先生（看護師）は五～十分ごとにチェックします。そして子どもの寝姿を記録するのですが、仰向けに寝ていれば上向きの矢印をシートに書き、うつぶせに寝ていれば下向きの矢印を記します。というのも幼児のうつぶせ寝は危険なので、子どもの体を仰向けに戻し、それから矢印を上向きに変えるのです。もちろん、この変更のプロセスも記録します。こうした細かな方法は当局の規定にはなく、中国の一般保育施設でも行われていません。私たちは日本の保育システムを丸ごと採用していますが、それは管理システムからプロセス、方法に至るまで非常に科学的で先進的だと自信を持って言えるからです。こうして、私たちはオンラインと保育園の現場で実施する『教諭養成コース』のプロジェクトを打ち立てました。日本人の先生方には今年(二〇二〇年)後半、この二つのコースの教材を開発してほしいと伝えています。新型コロナの流行が冬にもやってくると想定し、保育園の閉鎖に備えて、このオンラインコースで少しでも収入を増やそうと考えているのです」

新型コロナウイルスはなおも終息しておらず、いつまた猛威を振るうかわからない。だが、王は将来に対して楽観的だ。「私たちを含めて、中国の保育施設にはオリジナリティーの蓄積がありませ

2020年8月28日、「暖嬰屋」の年長組の子どもたちが卒園式を迎えた(写真提供:王佩瑭)

ん。いずれも立ち上がったばかりのときに、このコロナ禍に遭ったのです。まさに新興産業にとっては初めての大改造のようなもの。来年も再来年も生き残る保育施設は強いし、向かうところ敵なしです。その目標に向かって、私たちは着実に前進します！」

同卒園式で（写真提供：王佩瑭）

プロ歌手からツアーガイド、バス会社の社長まで
——運命にあらがう不屈のシングルマザー

12

左佐樹

(ツオツオ・シュー、日本名・左和佳＝ひだり・わか)

観光バス会社「株式会社 旅《たび》・粋屋《いきや》」代表取締役社長

中国山西省太原市に生まれ、北京で育つ。天性の歌声を持ち、小学生のころに建国記念日を祝う式典で1万人以上の観衆を前にその歌声を披露した。中国映画楽団に入団し数々のステージに立っていたが、新たな活動の場を求めて1988年来日。日本コロムビアレコードから「Saju」(サージュ)としてデビューする。大友克洋総監修のアニメ映画『スプリガン』の主題歌歌手に抜擢され、そのパワーに満ちた伸びやかな歌声で一躍有名になる。その後、チベット訪問中に不慮の事故に遭い、歌手の道が絶たれたことからツアーガイドに転身。新たなキャリアでも実力を発揮して2015年、大阪の観光バス会社の代表取締役社長に就任。認可を受けて、中国や欧米からの団体客を相手に貸し切りバス事業などを営んでいる。(写真はいずれも左佐樹提供)

歌手の夢かなえるため日本へ

私の家族は黄土高原に住んでいる
坂の上から大風が吹く
北西風か南東風か
それはみんな私の歌、私の歌……。

三十年以上前に、在日中国人のパーティーでこの歌を聞いた。歌ったのは見るからにさっそうとした、美しい北京女性。その歌『黄土高坡』(陳哲作詞、蘇越作曲、陝西省北部民謡・黄土高原)は素朴で力強く、会場の中国人たちを奮い立たせた。とても印象的な一幕だったので、「左佐樹」というその歌手の名前もしっかり記憶したのだった。これから話すのは、そんな彼女が日本でがんばり抜いてきた異例のキャリアについてである。

山西省太原市に生まれ北京で育った左佐樹は、小さいころから天性の歌声を持っていた。

小学生のとき、有名な児童合唱団「中央人民放送局少年児童合唱団」の一員として選ばれ、中国の建国記念日を祝う式典には子どもたちの代表として参加。国内のトップ歌手らとともに、一万人以上の観衆の前でその歌声を披露した。

中国でポップミュージックが流行していた青春時代には、香港・台湾のポップスに夢中になった。そして、よく通る大きな声を買われて「中国映画楽団」に入団。歌謡界に〝デビュー〟しようと準備していたが、そのころ、たまたま目にしたNHKの紅白歌合戦のビデオに衝撃を受けた。「日本のポップスは中国のはるか先を行っている。日本で学び、そして歌うことができたら、もっとすばらしい未来が開けるかもしれない」。そう考えた彼女は中国映画楽団をきっぱりと辞め、一九八八年に留学生として日本の首都・東京にやってきた。

日本語学校で二年間学んだのち、渋谷の専門学校・ミューズ音楽院の「コンポーザー（作曲家）専攻」で学んだ。専門学校でのシステマチックな勉強とトレーニングで、彼女の音楽的センスと歌唱力はぐんぐんと磨かれていった。このとき、日本のある著名なミュージシャンが左の美しい歌声を聞いて、すっかり魅了されたのだという。そのミュージシャンの推薦もあり、彼女は有名なレコード会社「日本コロムビア」の契約アーティストとなった。「歌手になる」という幼いころからの夢が、ついに日本で実現したのだ。

歌手サージュは、日本のメディアにも注目された

「歌手になる」という小さいころからの夢を日本でかなえ、デビューした

「Saju」（サージュ）という芸名で活動をスタートし、最大のヒット曲となったのが、映画監督・大友克洋氏が総監修を務めたアニメ映画『スプリガン』（一九九八）の主題歌『Jing Ling』（精霊）だ。大友氏はオーディションで自ら左佐樹を抜擢し、主題歌を中国語で歌わせた。この歌はみるみるヒットチャートを駆け上がったが、それは日本の音楽史上、中国語の歌としては初の快挙となった。もちろん過去にはテレサ・テン（鄧麗君）やフェイ・ウォン（王菲）ら中国系歌手の歌が日本のヒットチャートに上ったことはあるが、いずれも日本語での歌唱によるものだった。サージュとして日本コロムビアでシングル六

枚、アルバム五枚のCDを出し、うち映画の主題歌は『Ｊｉｎｇ Ｌｉｎｇ』など三作品を担当した。それは今から見れば、歌手としての彼女がもっとも輝いていた時期であった。

中国の人気歌手、田震《ティエンジェン》（右）とともに（1992年）

歌手の道断たれた不慮の事故

そんなあるとき、彼女はファンに喜ばれるニューアルバムを作ろうと、「世界の屋根」といわれる中国のチベットへ行くことにした。チベットの民謡を採集するためだった。

「子どものころ、中国ではちょうど文化大革命（文革）が行われていて、チベット民謡をモチーフにした『毛沢東主席のバッジを胸に』『毛主席の栄光』『北京の黄金山の上で』『生まれ変わった農奴が歌う』などの勇ましい歌が流行っていました。小さいころから好きな歌で、しかもチベット語で歌っていました。こうした〔のびやかに歌い上げる〕歌唱法も自分には合っていて、チベットは心のふるさとだと思うくらいです」

チベット行きは、まさに「心のルーツを尋ねる旅」だった。しかしこの旅で、思いもよらぬ大きな代償を払うことになる。

友人と四人でチベット自治区に到着した彼女は、ワゴン車をチャーターした。その日は、区都ラサから北方約二〇〇キロにある塩水湖・ナム湖へ向かうところで、道を急いだ運転手はむやみやたらとスピードを上げた。降り続く雨で、路面は滑りやすかった。それは、不慮の事故だった。乗っていたワゴン車が激しく横転したのである。左佐樹は肋骨三本を折る重傷を負い、他のメンバーもそれぞれに負傷した……。

数カ月間、病院のベッドに横たわり、ようやく人気が出はじめた歌手の道もさえぎられた。歌うこともままならない状況で、音楽界へのカムバックが難しくなった彼女は絶望の淵にいた。左佐樹はこう振り返る。「仕事に情熱を注いでいたのに、ある日突然『もう無理でしょう』と宣告されたらどう思いますか？　そんなに大きな失望も喪失感も、自殺を考えたことだって、それまで一度もなかったんです」

退院後、悲しみに暮れた左は、誰にも会いたくないとばかり、自宅に閉じこもってしまった。そんな彼女を見るにみかねた友人が、ストレス解消になればとディスコ（クラブ）に連れ出したのである。音楽を聞くと体が自然にリズムを刻み、頭を振って踊り狂い、しだいに病みつきになっていった。そんなある日のこと、踊りながらふと気がついた。「まだ音楽を聞いて、踊れるじゃない。これは生きている証。まだ生命《いのち》があるというのに、どうしてうまく生きられないの」

悪夢のような日々から目覚めた彼女は、冷静に自分の将来を考えはじめた。音楽会社との契約でかなりの収入を得ていたが、何年も過ぎて貯蓄は底をつきそうだった。これからどうして暮らしていくのか？　もう〝不惑の年〟も越えている。このまま生涯独身だったら、子どもを授かるという望みもかなえられそうにない……。そう思い至ったのだった。

シングルマザーの喜怒哀楽

「志があればチャンスがある」という。左佐樹は日本人の彼氏とつきあい、しばらくして新しい命を授かるという幸せにも恵まれた。二人が喜んだのはもちろんのこと、家族や友人たちも心から祝福してくれた。だが、この祝福ムードは長くは続かなかった。生活観の違いから二人の間に諍いが起こりはじめ、左佐樹は彼への信頼を失っていった。もはや破局は免れない状況だった。結婚しないのはともかく、お腹の赤ちゃんはどうするか？　このころ妊娠三カ月だったが、出産するかしないか？　せっぱ詰まった切実な問題を前に、彼女は寝ても覚めても不安にさいなまれていた。

「私は統合失調症に近い状態でした。初めは、子どもがとても欲しかった。彼への愛がなくなって、結婚したくないだけでした。そのうち体の中のものが余計になってきて、もう欲しくないと思いはじめた。だけど、エコーを当てて、かすかに動く小さな命をモニターで見たら、どうして平気で中絶することができるでしょう」

　家族や友人たちは、赤ちゃんをどうすべきかで意見が分かれた。「結婚したくないのに、どうして彼の子が欲しいの?」という中国の友人もいたが、多くの友人は子どもを産むようにと勧めた。理由はこうだ。「あなたの歳で妊娠するのは難しいから、ぜったい子どもを残すべき」「親が間違っていたとしても子どもに罪はない。神様が授けてくれたかけがえのない生命よ」「自分が孤独と思わないで。私たちがこの子を守り、面倒をみてあげるから」。左佐樹を診察した日本の医者は、もっとストレートだった。「おそらく〔四十代後半の〕あなたにとっては最初で最後の赤ちゃんでしょう。命を大切にしてください」

周りからアドバイスを聞いたものの、精神的ストレスは激しさを増した。吐き気や不眠といった妊娠中の合併症と相まって、時には夜中に大声で叫び出した。また時には「痛みから逃れたい。死んだら無になる」とばかり、住んでいたマンションの二十三階から飛び降りる妄想さえした。

親孝行な彼女は、年老いた母親にいつも心配をかけまいとしていたが、その日は真夜中になって国際電話をかけた。どうしても心の痛みに耐え切れなくなったからだ。

「お母さん……」。受話器の向こうに語りかけると、涙があふれた。

「まあ、どうしたの？」。母親のやさしい声が聞こえた。

「私、彼と結婚したくない」

「そう……。だったら仕方がないでしょう。無理しないで」

「でも、この子はどうすれば……」

真夜中に起こされた母親の声はか細かったが、その問いに急にデシベル値が跳ね上がった。

「産みなさい！　必ず産むのよ！　病気でもない限り、女の人は赤ちゃんを産まなければ。

あなたの歳で妊娠するのは大変なことよ。その子を産むと約束してちょうだい。お母さんが育ててあげるから！」

左はむせび泣いた。「お母さん、わかった。わかったわ」

涙がとまらず、もう何も言えなかった。泣き声を聞かすまいと受話器を置こうとすると、母親の叫びがまだ聞こえた。「わかった？　わかったの？　どんなことがあっても、その子を大事にしてちょうだい……」

高齢出産の新記録を打ち立てる

小さいころから活発で母親の言うことを聞かなかったが、このときばかりは〝いい子〟になろうと決意した。赤ちゃんを産むことも、もう迷わなかった。

出産予定のその日を迎え、左佐樹を励まそうと家族や友人が病院に集まった。彼女は自然分娩を望んでいたが、高齢出産となることから、医者はより安全性の高い帝王切開手術を選んだ。

日本で出産したときのことを、彼女はこう振り返る。

「準備ができてベッドに横になっていると、天井のライトがパッとつきました。神秘的な色彩で、見るからにとても心地が良いのです。音楽も聞こえてきて、驚いたことに私の好きなアイルランドの女性歌手・エンヤの歌でした。私も同じジャンルの歌を歌っている。感動のあまり、ぽろぽろ涙があふれてきました。私が急に泣き出して、何が起きたのかと看護師たちがあわてていたので、こう言いました。『かけてもらった音楽で、いろんなことが思い出されて泣いてしまった。八年前にチベットで自動車事故に遭い、ほとんど命を落とすところでした。そんな私が今日は母親になる。感激のあまり泣いてしまったんです！』。医者も看護師もそれを聞いて安心したようでした。彼らは、私の出産のときにエンヤの曲をかけようと決めていたのです。手術はとても順調で、麻酔をかけたので痛みはなく、意識はずっとハッキリしていました。そして看護師が赤ちゃんを取り上げて目の前で見せてくれたとき、私はなんて愚かだったんでしょう。それまで、生まれたばかりの赤ちゃんは小猿のようだと思っていたのです。でも、抱きとめたその子は白くてふくよかで、まるで天使のようでした。神様からの贈り物です。私はワッと泣き出しました。医者と看護師がお祝いに来てくれて、こう言いました。『おめでとうございます！　あなたは当院における高齢出産で、新記録を打ち立てました』と」

歌手からツアーガイドに転身

子どもが生まれた左佐樹には、経済的プレッシャーが大きくのしかかった。仕事を探して生活費を稼ぐことが、さしあたりの急務となった。このとき、観光ガイドの友人が「ガイドの仕事をしてみたら」と勧めてくれた。折しもそのころ日本では、中国からの観光客が増えはじめたころだった。研修として、試しにガイドの友人に連れられて大型バスに乗り込むと、そこはもう中国人客でいっぱい。友人はいきなりこうアナウンスした。「みなさん、今日はスペシャルゲストをお呼びしました。有名な歌手ですよ。それでは歌ってもらいましょう」。突然のことだったが、友人のために場を盛り上げるのは当然のこと。そう思った彼女は、中国の人気歌手ナー・イン（那英）のヒット曲『山不轉水轉』（山巡らずして水巡る）と日本の喜納昌吉の代表曲『花～すべての人の心に花を～』を歌い、満場の喝采を受けた。この体験こそが、彼女が観光事業ときずなを結ぶきっかけとなった。

左佐樹は観光ガイドになってから、水を得た魚のように仕事にすぐに慣れ、夢中になった。「もともとマイクを握って歌う私が、今ではマイクを握ってガイドをしている。しかも〔母国語の〕中国語で話すのです。これ以上ふさわしい仕事はありません」

確かにガイドをする左にとって、歌手は最大の強みだった。彼女が率いる一行は、旅の間じゅう笑いと歌声が絶えなかった。中国の観光客向けに、四十年前に生まれた前述の沖縄ソング『花』を歌うと、誰しもが大興奮した。「わあ、これは中国の『花心』じゃないか」と声を上げる人もいた〔中華圏では『花心』というタイトルのカバー曲がヒットした〕。また、彼女が近藤真彦の『夕焼けの歌』を歌うと、「これは中国の『千千闕歌』だ」と叫ぶ人もいた〔中華圏では陳慧嫻《プリシラチャン》がカバーしてヒットした〕。左佐樹はこうした日本のオリジナルソングを歌うたびに、これらがもともと日本の歌で、中国に伝わってからカバーされたと伝えている。

例えば、中国人に親しまれている『北国の春』は、もとの日本語の歌詞ではふるさとや母親、別れた恋人のことを歌っているが、中国では望郷の歌となった。中国人客は左の歌はもちろん、歌にまつわるエピソードを聞くのが好きで、彼女のことを「中日文化交流の使者」と称賛している。

「日本に暮らして三十年余り。今では観光客に日本文化のあれこれや、私が経験したいろいろなことを紹介できます。ガイドの仕事で、良い読書習慣を身につけることもできました。というのも彼らに紹介する日本は、客観的で、真実の日本でなければならないから。だからもっと勉強し、まめにネットで調べるなどして、正しい日本を伝えなければと思っています」

『海国図志』という清代末期の地理書があり、彼女はこの本に深く心を打たれたという。著者は清代の思想家・魏源で、本書のテーマを一言で言えば「夷の長所を以て夷を制す」。つまり、「西洋という師から学ぶことによってのみ、西洋という侵略者を倒すことができる」という意味だ。また、このようにも解釈できる。「西洋の進んだ技術を学び、自国の富強の道を求める」。残念なことにこの本は清代の中国では見向きもされず、唾棄《だき》されるほどであったが、日本に伝わるやいなや人々が競い合って読むベストセラーとなった。とくに幕末維新の志士たちがこれによって開眼し、刺激を受けて明治維新の変革をなしとげたともいわれている。

左佐樹は『海国図志』の話題から、観光客とこのような対話をしたことがある。

「なぜ日本に来ましたか?」「買い物をしたいから」

「それだけですか?　私は皆さんが買い物をすれば〔バックマージンで〕稼げるからうれしいけ

れど、せっかく来たならこの国のことをもっと理解してほしい。日本の先進的なところを学んで、中国でもそれを利用できるようにしたいのです」

『海国図志』から学んだことだ。

「あなたは最高のツアーガイド」

売れっ子のガイドは、もっとも忙しいガイドでもある。旅行各社が競って彼女を雇いたがり、最も忙しいときには六団体連続でガイド業を務めたこともある。つまり、空港で第一団を迎えて六日間ほど案内し、空港まで送ったら、そこで第二団を迎えて案内し、空港まで送り……といったガイド業を六団体連続して休みなく務めたのだ。

「仕事はくたくたになるけれど、お客様に『今までで最高のガイドさんよ』と言われるたびにホッとするし、励まされます」

こんなこともあった。左佐樹が同行したあるグループの帰国前日、バスからホテルに戻ろうとしていた彼らに、彼女は一つの提案をした。数日間、熱心に働いてくれた運転手に、乗客からの感謝として心付けを渡してはどうか、というものだ。乗客たちは一人数百元ずつ出してくれたが、ある子ども連れの四十代の女性だけがもじもじしていて、どうやら難しそうだった。そこで左佐樹は「いいですよ。あくまでも気持ちですから」とあわてて言った。だが、ほかの乗客がバスを降りてから、その女性はサッと左の手に百ドル札を握らせた。心付けは出さなかったが、彼女がこうしたのはほかの乗客のメンツに配慮したからだった。

翌日、一行を空港まで送ったとき、あの女性が左に封書を手渡して言った。「あなたに言いたかったことを書きました。私が飛行機に乗るまで開けないでくださいね」

一行を送り出し、電車での帰り道に封書を開けると、一万円とメモ書きが入っていた。「善人は一生平安ですよ！　これまでいろんなところへ行きましたが、私の知る限り、あなたはもっとも優れたガイドさんよ」。最後の一行は日本語で「本当にお疲れ様でした」と書かれていた。左の目から思わず涙があふれ落ちた。そういえば数日前、ほかのバスの運転手が「あなたの客に、日本語のとてもうまい女性がいるよ」と教えてくれたことを思い出した。それが誰なのか、最後までわからなかった。その人は、左佐樹の前では一言も日本語を話さなかったからだ。おそらく彼女だったのだろう。

こうした大人の対応ができる、思いやりのある人とは対照的に、気ままな言動で他人を傷つけるような人もいる。ある時、サージュは中国人客の一行に、日本の近代史について説明した。第二次大戦後、日本の昭和天皇は連合国軍最高司令官ダグラス・マッカーサーに「戦争責任は自分にある」と述べたとされている……とそう伝えた時、福建省から来た若い男性客が、方言の閩南語《びんなん》で「このガイドは漢奸〔売国奴〕だ」と叫んだのだ。左佐樹を日本寄りだと思ったのだろう。同乗していた福建人たちは騒然とした。彼女は閩南語がわからなかったが、バスを降りた時、ある客が小声で騒動のいきさつを教えてくれた。それはまっすぐな性格の彼女を憤慨させた。乗客がみなバスに乗り込むと、こう口を開いたのだ。

「私が漢奸ですって？　誰がいったのよ。こんな漢奸を見たことあるの？　愛国心ならあなたより強いわよ。ＮＨＫで中国の文化や歌を日本人に紹介したこともある。中国のためになることをしてきたつもりよ！　今日は歴史の事実の一端を話したけれど、私を漢奸というなら、いいわ。どうぞ漢奸でない人を見つけて、同行してもらってください！」

バスの乗客たちはあわてふためき、「無礼なことをいうな」と若い福建人を責めはじめた。ある人はサージュの手を引き、「いかないで。みんなあなたの話を聞きたがっているのよ」となだめた。その後、若い福建人も詫びてきたので、彼女はこの一件を水に流すことにした。やはり、誰もがみな自分のお客様なのだからと。

数日後、この一行のツアーが終わった。空港で握手しながら彼らと別れるとき、「次に来たときもあなたのお客さんよ。また私たちのガイドになってね！」。そんな期待とねぎらいの言葉がもっとも多く聞かれたという。

観光バス会社を支える

左佐樹によると、旅行会社の収入は観光客のツアー料金からなるが、ガイドの収入はそれ以外のオプション料金が主となる。例えば、ツアー料金に「富士山観光」が含まれていない場合、ガイドは観光客に「お一人様四千円で富士山を観光できますよ」と勧めることができる。この収入から、ガイドはコミッション（手数料）を得ることができるのだ。ツアー客の評判が良く信頼を集める彼女は、収入面でもおのずとガイドの中でのトップリーダーとなっていった。

だが、左はなおも運命に翻弄された。人生のどん底からはい上がり、努力を重ねて、ガイドというキャリアによって自らを取り戻した彼女は、〝友だち選び〟の問題でまたも苦境に陥った。ある日本人男性に惑わされ、彼が大阪に設立した観光バス会社に、ガイドの仕事で貯めたお金をまるまる投資したのである。経営者としての能力が足りず、人徳もなかった彼のために、バス会社は設立してまもなく破産の危機に瀕してしまった。左の精神的なダメージはともかくも、投資した大金は回収できる見込みがなかった。唯一の救済策としては、弁護士の助けをかりて法人の資格証明を取り、彼女が代表になることだった。もはや選択肢はなかった。左佐樹は幼い子どもを東京の親友に預け、きっぱりと単身赴任することにした。左《ひだり》和佳《わか》という名を名乗り、大阪の観光バス会社「(株)旅・粋屋」を切り盛りする女性社長に就任したのだ。

「観光ガイドから突然、バス会社の代表取締役社長に転身し、学ぶべきこと、解決すべき問題が多すぎました。まず、会社の設立以来の全帳簿のチェックです。それについては素人ですから、経理にサポートしてもらい、一つひとつ学びながら帳簿を調べていきました。その結果、会社の帳簿はメチャクチャで、すでに赤字経営に陥っていることがわかりました。もう嘆くことしかできなかった。この会社を苦労して手にしたけれど、いったいどこに旨みがあるのか、厄介なだけじゃないのか、と」

左にもはや退路はなかった。運を天に任せて、とにかく前進するしかなかった。古い帳簿のチェックを終えると、次は国家資格の「運行管理者」の試験に挑んだ。日本では、トラック、バス、タクシーなどの自動車運送事業者は、安全運行を確保するため、一定数以上の運行管理者をおくことが義務付けられている。左は効率よく集中的に学び、初めての試験でみごと合格して「運行管理者資格者証」を取得した。それから周りの日本人スタッフは、彼女を尊敬のまなざしで見るようになったという。

会社には左のほかに七人のスタッフがいるが、そのうち六人はバスの運転手だ。彼女は社内で唯一の女性であり、外国人である。その細心かつ勇猛果敢な仕事ぶり、そして誠実な態度でスタッフはみな彼女に心服しているようだ。彼女自身も会社の運営管理のみならず、自ら営業に出かけている。幸いなことにそれまで観光ガイドをしていたキャリアから、この業界に一定のネットワークと知名度があり、事業はわりに順調だった。彼女をガイドとして雇いたい旅行会社はひっきりなしで、左は「私をガイドにしたいなら、当社のバスを使うこと」という条件を出している。これが、彼女が社長であるにもかかわらず、今でもたまに観光ツアーに出ているわけだ。

二〇二〇年、左によるバス会社の経営は丸五年を迎えた。これまでに業績は大幅に改善されて黒字転換し、事業範囲も拡大してきた。貸し切りバス事業は中国のみならず、ヨーロッパからの団体客も受け入れ始めた。大型バスも当初の三台から六台に増やした。いずれもピカピカの新車である。

将来のプランについては、正直にこう語る。

「今、この会社を経営しているのは、私の責任感からです。七人のスタッフは、ここを足場に生活しています。だからどうしても事業を続けなければなりません。とはいえ、音楽界にカムバックする夢をあきらめたわけでもない。いつか個人で小さなライブを開催し、ピアノの弾き語りをするなどして、お客さんといっしょに楽しい時間が過ごせたらと願っています。それから、シングルマザーとしては、子どもと一緒に暮らせるように拠点を東京に移したい。今は大阪に住んでいて、子どもに電話で『次はいつ会える？』と聞かれるたびに、泣かずにはいられないのです」

自社のドライバーたちと大型観光バスの前で（写真撮影：林林）

歌手、観光ガイド、会社の経営者、シングルマザー……。左にしてみれば、いずれもあきらめることはできないポジションだ。そしてあきらめない限り、彼女には希望がある。

生きている限り、すばらしい人生を

左が経営するのは外国人客を対象とする観光バス会社だが、新型コロナウイルスの感染拡大で外国人客はいっせいに退去してしまい、売上高はあっという間にゼロになった。

「新型コロナによる影響は大きすぎた。誰もこんな災難を予想していませんでした。今年(二〇二〇年)は、この会社を引き継いでからの五年で最良の一年になるはずだった。三月から八月までバスは予約でいっぱいで、多くが欧米からの団体旅行客でした。あいにく新型コロナが流行し、私たちの計画はパーになった。春節(旧正月)の後は、ほぼすべてのコースがキャンセルとなり、唯一残ったのは三月十八日から二十五日までのアメリカからの団体旅行客。日本に着いてから何日もしないうちに、米国政府から海外のアメリカ人向けに至急帰国するよう呼びかける通達が届きました。この団体旅行客はコースを打ち切って早急に帰国しなければなりませんでしたが、それでもいくつかの観光地を急いで回りました。当時、大阪の街から観光バスは消えていて、私たちのバスだけが観光地を〝独り占め〟したのでした。このラストの団体旅行客が退去してからこれまで〔二〇二〇年三〜八月〕、当社の車両貸し出しも、収入もゼロです。知ってほしいのは、バスはすべて新車のリースで、月々のリース料は計二百万円と高額であること。通常なら仕事をしながらリース料を払いますが、今となっては仕事もお金もまったくない。どうしたらいいか？　この危機にあたって日本政府が救いの手を差し伸べてくれました。当社は国と大阪府に申請し、〔コロナ対応の緊急融資制度の〕実質無利子・無担保の融資四千万円を受けることになりました。また、政府は休業した企業〔売上減少に直面した事業者〕に向けて、『家賃支援給付金』と従業員の賃金を助成する『雇用調整助成金』の支給に応じてくれた。さらにこの間、リース会社に対して、顧客〔バス会社など〕からリース料の支払い猶予などの相談があれば適切に応じるようにという通達もあった。こうした政府の支援があって、当社は今日まで生き延びることができたのです」

コロナの感染拡大はまだ収束しておらず、外国人観光客が日本に戻る日はまだ先のことだろう。彼女の気にかかる問題はまだあり、高額なバスのリース料は猶予してもらえるが、遅かれ早かれ支払わなければならず、国の融資も返済する必要がある。このまま無収入の状態が続けば、左のバス会社は倒産の危機に直面してしまう。

「先日、あるドライバーに、もしかするとこの会社をやめるかもしれないと話しました。彼は泣きました。この会社の仕事が気に入っているし、ここは一家の生活のよりどころだと言うのです。会社が続くことをどれだけ願っていることでしょう！　もちろん経営者である私にしたって、会社の存続を願わないわけがありません。以前、ドライバーたちに話したことがあります。会社の将来がどうなるか、皆さんはいろいろ考えなくていい。まず、今年の目標は生きること。それを覚えておいてください、と」

社員に考えないよう勧めるのはいい。だが、経営者である彼女が、何も考えなくていいわけはない。彼女は、以前のように中国人観光客が大挙して日本に押し寄せるような状況は、今後は難しいことをよくわかっている。それは新型コロナの影響だけではなく、さらに大きな変数〔変動性〕があるからだ。つまり米中関係の悪化が、日中関係に及ぼす悪影響である。

左は、最近の日本政府や日本メディアの言動に対してもかなり不満があるようだった。

「今日の日中関係にはガッカリしています。日中友好のために多くの努力をしてきましたが、今からすれば水の泡です。なぜか？　日本がアメリカの従属国であることがますますハッキリしたからです。日本のメディアもアメリカに追従している。例えば、トランプ大統領〔当時〕はかねてテレビで、新型コロナウイルスの発生源が中国・武漢の研究所であることを示す有力な証拠をつかんだと述べていました。新型コロナが武漢で作られたというのです。日本メディアもやたらと報道して、トランプ大統領の証拠は確かに違いない、でないとそんなことは言えない等々とコメントしました。しかし結局、それはトランプ氏の出まかせで、決定的な証拠を出すことができなかった。日本メディアも知らんぷりを決め込んで、この件をうやむやにすることを容認したのです。本当に信じられなかった。私は日本国籍を取りましたが、やはり祖国を愛しています。中国には多くの問題がありますが、新型コロナの感染拡大を基本的に抑え込んだのは明らかであり、発表されたデータも本当のことだと思います。でもアメリカでは多くの人々が亡くなりました。政府による対策の失敗が原因であることは明らかです。日本は、最初はうまくいきましたが、その後は手に負えなくなりました。このことは、社会制度の違いによると言う人もいます。資本主義社会は人権、自由、個人のプライバシーを重視しますが、人の命に比べれば二の次のことでしょう。俗に言う、命あっての物種《ものだね》です。命がないなら、どんなプライバシーが必要でしょう！　わからないことがもう一つあります。日本は災害多発国であるせいか、日本人は被災しても中国人より冷静です。これは確かに敬服します。しかし冷静すぎて、そこから無関心と無反応が生まれないだろうか？　コロナはまだ収束していないのに、東京では多くの人が感染の危険を冒して、夜の街で食べたり飲んだり快楽にふけっています。政府〔東京都〕はこれに耳を貸さず、タイムリーな対策を講じなかった。これは理解できないし、受け入れられないことなのです」

左の日本に対する批判や中国への評価が正しいかどうか、その見方はさまざまだろう。だが、疑うべくもないのは、これも日本への愛憎相半ばする感情であることだ。中国のことわざにある「鉄が鋼にならないのを悔む」〔能力があるのにそれを十分発揮できないのは残念だ〕ということなのだ。

この最新のインタビューで、彼女は新しいビジネスについての構想を話してくれた。

「観光バス会社が休業に追い込まれてから、この空いた時間に何をやるかずっと考えていました。十八年ほど前、私は『流行都市東京』という〔中華圏向けに東京を紹介する〕テレビシリーズの司会として制作にかかわっていた。仕事に没頭して、疲れを感じないほどでした。今は時間ができたので、昔取った杵柄《きねづか》とばかり、ビデオカメラやスマホを手にして日本中を旅してめぐり、日本を紹介するシリーズを撮影してはどうかと考えた。内容は、日本各地のあまり知られていない風土や人情、ユニークな話などをベースにします。さらに日中二カ国語の字幕をつけて主題歌を自分で歌い、一話十分として日本のユーチューブか中国の娯楽サイトで公開する。タイトルは『左佐樹が日本をめぐる』。これがうまくいけば、日中の文化交流を促進するだけでなく、経済的にも期待できる。もう喜んでやりますよ」

つまり、左にとっては今後、期待していることが二つある。一つ目は、彼女のバス会社がコロナ禍を乗り越えて運行を再開し、徐々に融資金の返済をし、発展し続けること。二つ目は、「左佐樹が日本をめぐる」が順調にスタートし、公開を成功させて向上を続け、いくらかの収益を上げること。ことわざにある「人事を尽くして天命を待つ」である。もちろん、二つともうまく進めば理想的だが、一つだけでも構わないし、失敗してもさほど大したことはない。とにかく「目標は生きること！」――そう彼女はきっぱりと言い切ったのだから。

だが、筆者がインタビューを終えて、スマホの通話アプリを切ろうとしたとき、インタビュー記事の最後に一言、つけ加えてほしいと彼女は言った。「私は生きている限り、楽しくて、幸せで、すばらしい人生を送る！」と。

「壁」の向こうの新世界を目指して
――アルバイトからキャバレーグループのボスへ

13

顧斌

（クー・ピン／こ・ひん、
日本名・芝山斌＝しばやま・たけし）

「株式会社CHINA PAYMENT GATEWAY」取締役社長

1966年、中国上海市に生まれ、四川省で育つ。「いつかボスになって大金を稼ぐ」という夢を抱いて1988年に来日。東京の専門学校を卒業後、貿易会社に勤務するも「もっと力を試したい」と、知識も経験もゼロの日本のキャバレー業界に飛び込む。持ち前のコミュニケーション能力と人知れぬ努力で店の業績を上げていき、新人ボーイから１年半足らずで店長にまで昇進。さらに独自のサービスシステム開発で業績を伸ばし、34歳のときにグループ本社の取締役社長に就任。長年の夢をかなえたばかりか、当時グループ傘下にあった15店舗を、就任後の4年間で28店舗に拡大するなど大胆な経営手腕をいかんなく発揮した。2007年、後進に道を譲り、2021年現在、中国人向け医療サービスなどを展開する会社を複数経営している。

ボスになる夢抱いて日本へ

一九六六年に上海市で生まれ、四川省で育った顧斌は、両親が建築設備会社に勤める従業員で、貧しい暮らしだったが厳しい教育を施された。苦労をものともせず、前向きで、打たれ強いというその性格が培われたのは、子どものころの環境が影響したに違いない。少年時代は同い年の子どもたちより、年上の兄さん格と遊ぶほうが好きだった。今でもその気質は変わっておらず、五十代の彼がつきあう日本の友人の多くは、少し年上の還暦前後のシニア層だ。有能な先輩からは多くのことが学べるし、自らの欠点にも気づかされる。顧のこうした言い分も、もっともなことだろう。古代中国の春秋時代の思想家、孔子もこう述べているではないか。「無友不如己者、過則勿憚改」〔己に如かざる者を友とすること無かれ、過てば則ち改むるに憚かること勿かれ＝自分より人格的に劣る者たちとつきあってはいけない。そして自らに誤りがあれば、正すことをおそれてはならない＝『論語』〕と。

少年時代の彼は、自らの将来像についても同世代の子どもたちとは違っていた。みんなは

13　顧斌（クー・ピン／こ・ひん、日本名・芝山斌＝しばやま・たけし）

良い高校、良い大学を目指して熾烈な受験競争を繰り広げていたが、いかに早く貧困から抜け出して金持ちになるか、彼はそんなことばかりを一心に考えていた。大学で卒業証書を手にするよりも、一日も早く社会に出ていき、お金を稼ぐスキルを身に着けることのほうがよほど魅力的だと思ったからだ。

好漢は、大きな野心と理想を抱くものである。顧は夜間学校にあたる「業余高校」を卒業後、日本に行くことを決めた。お隣の国・日本は世界有数の経済大国であり、中国にいるよりも「ボスになって大金を稼ぐ」という夢をかなえやすいと思ったからだ。

一九八八年六月、二十一歳の彼は日本円五千円と四百香港ドルを懐にしのばせて、東京にやってきた。初めに日本語学校で学び、卒業後はファッションデザインの専門学校に進学。その間、一度も授業をサボったことはなく、とくに語学の習得には力を入れた。外国で働くためには、言葉の壁を乗り越えることが先決だとわかっていたからだ。

八〇年代後半に自費で留学した中国人たちは、ほとんどが日雇い労働やアルバイトで得た収入で学費と生活費をまかなっていた。顧斌もご多分にもれず、来日一年目のころは一日に三つの仕事を掛け持ちした。早朝四時半から八時まで弁当屋で皿洗いをし、それから新宿の日本語学校に駆けつけた。カップラーメン一個の昼食を済ませたら、次は貿易会社で午後五時まで雑務をこなした。夕食はまたカップラーメンをすすり、食べ終えると今度はそば屋の店員になった。毎日インスタントラーメンばかり食べていたので、今でもそれを見るとめまいがするほどのトラウマになっている。住環境も劣悪で、狭い部屋に八人がぎゅう詰めになって寝起きしていた。だが、「いつかボスになって大金を稼ぐぞ」と決心した顧にとって、これくらいのことは何でもなかった。中国のことわざにあるように「苦中の苦を味わって、初めて人の上に立てる」。それを信じて疑わなかったのだ。

専門学校を卒業後、衣料品の貿易会社に就職したが、しばらく働くうちに気持ちがふさぎ込んでいった。仕事量が多いわりに、稼ぎが少ないことが不満だったわけではない。与えられた仕事では自分の力が少ししか発揮できず、多くが〝消化不良〟となったからだ。顧は、そうした無駄な状態は続けられないと感じていた。しかも本来、平社員に甘んじるつもりでなかったことは言うまでもない。

きっぱりと貿易会社を辞めた顧は、飲食業界で奮闘する生活をはじめた。知り合いの紹介で初めて足を踏み入れた飲食業界は、一般のレストランや喫茶店ではなく、居酒屋やバーでもなく、なんとキャバレーだった。ご承知の通り、キャバレーは「ホステス」と呼ばれる女性スタッフが男性客の隣に座り、会話や酒でもてなしをする規模の大きい飲酒店だ。一般的なバーとは異なり、キャバレーは女性スタッフの人数が多く、美しく教養のある人が多い。しかも店内は広々としていて、インテリアもゴージャスだ。ショータイムには、本格的なダンスや歌のパフォーマンスに、豪華賞品つきのゲームもある。料金は比較的高いので、ほとんどの客が富裕層で占められている。

こうした飲食業界に飛び込んだ顧は、その後、下っ端のボーイから傘下に二十八店舗を抱えるキャバレーグループの取締役社長にのし上がるまで、十二年間必死に働いた。この間に経験したことは数え切れず、出会った人もじつにさまざまで、経営にも浮き沈みがあったという。その異色のキャリアについては、読者の皆さんも筆者同様「知りたい」という好奇心にかられるに違いない。

外国人ボーイがみるみる出世したわけ

当時二十八歳だった顧は、まずキャバレーのボーイとして働いた。月に三十万円という、わりに高収入を得るためだった。飛び込んでみると思いのほかその仕事に向いていて、ここが自分の夢をかなえる場所だと思ったほどだ。

ボーイの仕事はまず、礼服（白のワイシャツに黒の蝶ネクタイ、黒スーツ、黒の革靴）を装い、入り口に立って来客を待つ。次に、来客があると「いらっしゃいませ」と声をかけて出迎え、座席まで案内してから、タオルや飲み物、スナックなどをテーブルに運ぶ。カンタンそうな仕事に見えるが、顧は一つも手を抜かずに丁寧なサービスを心掛けた。新人のボーイとして、先輩がしていることはすべて学び、先輩がしていないことにもあえてチャレンジしたのである。

「外国人なので、しっかりやらないとバカにされるし、クビになるかもしれなかった。だから日本人の上をいくためには、何倍も努力する必要があったのです。それに自分には接客業の才能があると思っていたし、お客様を喜ばせるコツを知っていた。例えば、来客があると『いらっしゃいませ』だけでなく、その人の名前を呼んで出迎えます。以前に一度しか来店していなくてもです。『○○さん、いらっしゃいませ』とか『○○さん、いつもお世話になっております！』などと声をかけると、お客様はとても驚き、喜ばれます。ご機嫌がよければチップも弾んでもらえます。当時アルバイトの日給は一万円でしたが、お客様からのチップは一日に二、三万円に達することもありました」

13　顧斌（クー・ピン／こ・ひん、日本名・芝山斌＝しばやま・たけし）

彼はこうして気軽に話すが、「お客様を必ず名前で呼ぶ」「瞬時に呼ぶ」ことがいかに難しいか、筆者にはわかる。銀座の一流ホステスでさえ、トレーニングを積んでようやくそのレベルに達するといわれている。だが新人ボーイだった顧は、持ち前のコミュニケーション能力と人知れぬ努力で、軽々とやってのけたのだ。

その類まれな能力は、彼自身のみならず、店にとっても大きな収益をもたらした。容易に想像がつくだろうが、来客は親切なもてなしにゆったりとくつろぐことができ、心ゆくまで酒を飲み、しまいには財布の中身をすっかり出してくれるというわけだ。顧の業績が並はずれていることを示す逸話だ。その勤勉さと業績により、仕事を始めてからわずか三カ月でマネージャーに昇進し、さらに三カ月後には店の支配人（店長の次点）に任命された。

顧の勤め先である「ゴールド」と呼ばれるその店は、キャバレーグループ「自在グループ」の傘下にあり、同グループでは十数店舗を経営していた。彼が支配人に昇進してから「ゴールド」の業績はぐんぐん伸びて、毎月の売上高は四千万円を上回り、グループ一位に躍り出た。その卓越したビジネスセンスにより、彼はさらに十カ月後には店長に昇進し、月収はほぼ倍増した。つまり、そこで働き出してから一年半もしないうちに店長にまで上り詰め、五十人以上のスタッフを抱えるボスになり、文句なしの報酬を手にしたのだ。それはまったく予想外のできごとだった。がんばりさえすれば他に抜きん出ることができると、彼はますます自信を強めた。

店長になると、その能力が発揮できる余地がさらに広がった。顧はみずから開発した〝顧客サービスシステム〟を導入し、いちじるしい成果を収めて、グループ本社から認められた。店長を一年間務めた後、今度は本社の専務に昇進したが、それは本社のトップの椅子と一つしか離れていなかったという。顧がこのようにみるみる出世できたのは、業界の昇進基準が「業績第一」だったからにほかならない。そうはいっても、外国人だ。日本の同僚たちとの激しい出世競争に打ち勝つのは、容易なことではなかった。

「初めのうちは苦労しましたよ。何もわからず、慣れないことも多かった。ときには日本人の上司にわけもわからず叱責されて、殴られることもありました。そんなことがあると、なぜそうされたのか、何か間違えたに違いない、間違えたところは直せばいいじゃないか、などと自問自答しました。それでも私にもプライドというものがあります。上司に叱られたときはいつも心の中でつぶやきました。『今に見ていろ。偉そうにしているが、いつか必ずお前の上に立ってやる！』と」

顧の腹の奥底には、そうした粘り強さがあった。日本人は「仕事中毒」だといわれるが、彼もなかなかどうして働きぶりは日本人よりクレイジーだ。彼いわく、年中無休で働いた。年にただの一日も休みを取ったことがなかったという。多くの犠牲を払ってこそ、多くの見返りがあるものだ。キャバレーに勤めて六年、彼はついに本社の最高責任者――取締役社長に就任した。三十四歳のときだった。それ以来、かつて彼をいじめた人も含めて、上司だった人たちすべてが部下になり、彼のプライドをその時点では大満足させたのだった。

「私は業界の掟破りをした」

顧がキャバレー内に取り入れた顧客サービスシステムは、実際の仕事の中で編み出した効果的な接客方法をまとめたものだ。

「日本人は仕事を終えると、どこかへ飲みに行く習慣があります。この店で飲まなくても、あの店で飲む。だから、誰がお客様をつなぎとめるかによるのです。そしてレストランの接客と同じように、お客様にはそれぞれ好みがあるので、その人の口に合った料理を出せば満足してもらえます。例えれば、キャバレーが提供する〝料理〟はホステスさんです。お客様が気に入れば、ゆっくり座って多く飲んでもらえますが、そうでないと早めに退出されてしまう。キャバレーは時間制（一時間約七千五百円）をとっているので、お客様のご利用は直接、店の収入にかかわるのです」

筆者は、その顧客サービスシステムをめぐる特別なコツについて尋ねた。

「例えば、来店されたお客様はどんなタイプか、すぐに見きわめる必要があります。これについては詳しいですよ。まず、お客様のヘアスタイルを見ると、大体その人の職業がわかる。次に、履いている革靴を見ると、その人のポスト（会長、社長、部長、社員など）がほぼ判別できます。さらに、その襟元を見て、ファッションや趣味をチェックする。こうした要素を組み合わせることで、その人の経済力やセンスが大まかに判断できるのです。通常、ホステスさんが呼ばれて座ると、私は三分間、お客様の目を観察します。女の子に向かって話しているか、または天井を見ているか、彼がその子に興味があるかどうかがすぐわかります。興味がなさそうなら、ホステスさんを入れ替えます。お客様に落ち着いてもらうために、通常はまず美人のホステスさんをつけて、二十分後にふつうのホステスさんと入れ替えます。さらに二十分後、また美人のホステスさんに代わってもらう。つまり一時間に三人の女の子を入れ替えます。そうするとお客様は〝半ば空腹〟の状態が続く。私はつねにお客様の食欲をかき立てながら、女の子の交代を続けるのです。こうしたサイクルを回せば二、三時間はすぐに過ぎます。お客様一人あたりの平均滞在時間は二時間半ですが、それは私たちの達成目標でもあります」

　顧の言うように、美しい女の子はキャバレーに客を引きとめるためのカギとなる。彼はどこでそんな思い通りの女の子を見つけたのだろう？

「ほかのキャバレーで、ヘッドハンティングしたんですよ。一流の女の子を手に入れるために、業界の掟破りをしたんです。だからしばらく私は、他店での入店を断られました。〝あの引き抜き屋が来たぞ〟とわかったんです。十年以上前、キャバレーでバイトしている女の子の多くは、時給二千五百円ほどでした。それで他店で飲んだとき、美しい女の子に出会うと勧誘したんです。『ここは時給二千五百円でしょう。うちの店に来てくれたら、その倍は払いますよ』。そう言うと、心が動かされるはずです。似たような仕事なら、収入の多いほうへ行かない人はいないでしょう。今ではさらに相場が上がり、時給二、三万円を稼ぐ女の子もたくさんいますが、昔は美人の子でもそう高くありませんでした。その意味で、私は業界でこの相場を動かした最初の人物になるのです。当時はこう思いました。〝いい子を引っ張ってくれれば、すぐに経済効果が表れるだろう。もし、うちで女の子を育てるといっても、正直うちのような中小企業にはそんな時間もエネルギーもない〟と。当時の私が無謀だったことも、多くの同業者のねたみや仕返しを招いたに違いありません。頭頂部に傷あとがありますが、これは同業者が寄こしたヤクザに警棒で殴られたものです。大量の血が流れて、病院で七針縫いました。ほかにも仕返しのために寄こされたヤクザに、店がメチャクチャに壊されたこともありました。こうしたトラブルに遭っても、自分で対処しなければなりません。毎年、地元のヤクザ（地回り）にみかじめ料を払いましたが、本当に事が起きても地回りは助けてくれません。そこで店に来たヤクザには、まず店で暴れないよう、すぐに出ていってもらうよう忠告します。そして連絡先を残してもらい、翌日にも事務所を訪ねて苦情を聞くと約束します。翌日、彼らのボスに会うと必ず〝あれはマズい、これは間違っている〟と一つひとつ説教されます。確かに私のせいならば、その場で誤りを認めて謝罪します。でも私のせいでなければ、丁寧に説明します。つまり、できるだけ自分の力で事態を治めることが大事であり、すぐに警察に通報するのはお互いに良くないのです」

「来客にもトラブルメーカーがいます。あるとき、うちの店で飲んでいたヤクザの若造（中国籍）が暴れ出し、店長とケリをつけると脅しました。知らせを聞いて駆けつけた私に、彼はいきなり拳銃を取り出したかと思うと、銃口を向けて言いました。『つけ上がるなよ、見下しゃがって』。したたかに酔っていて、その手には銃があります。不安でしたが、パッと手を伸ばして銃身をつかみました。とっさの行動に、彼は『銃に触るな。指紋が残るぞ』と叫んだので、私は肩の力が抜けました。この子に殺すつもりはない、怖がらせただけなんだと。それから『ＯＫ、わかった。ちゃんと話そう』と声をかけ、彼を店から連れ出して駐車場へ。そこには私の車があり、ボンネットに座るよう促してから、尋ねました。『どうしてそんなに君を怒らせたんだ？』。じつは自分についていた女の子を急に代えたので、ムカついたんだと言います。それで『あの子は人気者だから、ほかの客のところへも行くんだよ』と説明しました。彼はそれ以上何も言いませんでした。その後も時々店にやって来ましたが、もうトラブルは起こしませんでした」

実業界の潮流に乗るのが運命

顧斌が「自在グループ」の取締役社長になったとき、傘下には十五店舗ほど抱えていたが、就任してから四年間に二十八店舗に拡大、年間売上高は百億円に達していた。その大胆な改革と経営手腕によるものだろう。

新しい店を開くとき、場所の選定には大事な条件が一つあった。つまり、その場所で三百六十五日、年中無休で営業できるかどうかである。この条件に適しているのは、多くが庶民的な雰囲気を残す「下町」と呼ばれるところだった。理由はとてもカンタンで、東京の銀座のような繁華街なら土・日曜日に客は来ないが、下町だったらその逆で、土日は平日よりも多くの客が入るのだ。例えば、土日にも営業すれば一カ月あたり三十日分の収入が得られるが、土日に休業した場合、二十二日分しか得られない。家賃は同じようにかかるのに、八日分の営業チャンスが失われるのだ。

顧は「低コスト・高効率」を重視しているが、投資すべきところには出し惜しみすることはない。業界で彼はいくつかの「第一人者」として知られている。日本のキャバレー業界で初めてワイヤレスインカムを導入したり、ホステスさんの「時給自己申告制」を初めて取り入れたり、さらにはビンゴゲームによる豪華賞品（一等賞が高級車メルセデス・ベンツ一台）を初めて顧客にプレゼントした。彼のキャバレーが繁盛したのは、こうした型破りな戦略のおかげでもある。フジテレビやラジオ日本など日本の大手メディアが次々とその人気店「ＪＡＰＡＮ」（東京・西葛西）に取材に訪れ、有名タレントが詳しく紹介したこともある。放送された翌日

13 顧斌（クー・ピン／こ・ひん、日本名・芝山斌＝しばやま・たけし）

は利用客が殺到し、二時間待ちもザラであった。

事業が成功するにつれて、顧の金回りはみるみる良くなり、暮らしもゴージャスになりはじめた。金持ちのシンボルである豪華クルーズ船を購入しただけでなく、自らのモーターボートクラブも創設した。「欲しいものは、飛行機以外すべてそろった」と豪語する。また業界で彼を知る人たちは「あの中国人はすごい！」と声をそろえる（顧斌は、対外的には「芝山斌《しばやまたけし》」という日本名を使っている。そのため彼が中国人であることを知らない人もいる）。

顧が有頂天になっていたころのこと。突然、査察調査が入った。グループ本社の銀行口座が一つ残らずチェックされ、巨額の追徴課税を受けたのだ。以来三年間にわたり、追徴税が課された顧は、ため息をつく。「若くして夢がかなうのも、一長一短あるものです。それは私がカネ儲けにとらわれるあまり、納税のことを良く学ばなかったから。犯してはならない規則を犯してしまったのです」

キャバレーというこの業界で働いて十二年。ポストも業績の上でもトップに上り詰めた顧は、後進に道を譲るときが来たと感じていた。それをうまく表現した歌がある。

「好花不常開、好景不常在、人生短短幾個秋、待到再回首、莫道何日君再来……」（テレサ・テンの『何日君再来（いつの日君帰る）』の中国語歌詞）

「美しい花はいつも咲いているわけではなく、美しい風景はいつもあるわけではない。人生は短く、ただいくつかの秋が巡りくるだけ。振り返るまで待つけれど、言わないでほしい。いつの日、君が帰るかを」。これはおそらく、引退を決意したときの彼の心境そのものだろう。

二〇〇七年十月、顧は会社の引き継ぎを終えて、夢を実現させた第一のステージを静かに去った。自分をいったんリセットした彼は、落ち込む間もなく多くの事業に取り組んだ。キャバレーの社長時代からこれまでに手がけたビジネスは、カラオケ店、パチンコ屋、骨董オークションなど。さらには資産運用として金融商品に投資したこともある。彼の説によれば「稼げるものなら、タマ（銃弾）とヤク（薬）以外ほとんどやった」。もちろん成功があれば失敗もあり、失敗すればリセットした。いわく「もともと無一文だったので、リセット自体を恐れたことはありません。失敗のプロセスは学びのプロセスでもあり、最初からやり直すのは大したことではないんです」

二〇二〇年現在、顧は三つの会社を経営し、それぞれビジネスを展開している。一に、第三者決済だ。つまり中国の世界的オンライン決済であるテンセントの「微信支付」（ウィーチャットペイ）、アリババの「支付宝」（アリペイ）、そして中国銀聯のクレジット・デビットカード「銀聯カード」〔ユニオンペイ〕の決済代行サービスである。二に、訪日中国人向けの医療サポートサービス。三に、日本国内の外国企業・個人向けの税還付ビジネスである。こうした三つのビジネスは、近年中国で沸いている「日本旅行ブーム」と密接にかかわっている。これは、顧のビジネスでは「時流に乗る」ことがいかに大事であるかを示している。新時代のビジネスで〝風雲児〟になるのは、もはや彼の天命であるといえよう。

日本で中国ボクシング王者の育成を

筆者は三年ほど前に友人が開いたパーティーで、顧斌と出会った。彼はその時、金融関係の仕事をしていて、ボクシングの事業にも携わっていると自己紹介した。ご存知のように、日本ではあらゆる分野にアクティブな中国人が進出している。ボクシングという、中国ではいわばマイナーなスポーツにも中国人が根ざしているとは予想外で、そのことも彼にインタビューしたいと思った理由の一つだ。

二〇一九年十二月某日、東京・新橋にある彼の会社の応接室に入ると、壁に大きく貼られていた「プロボクシング日中親善対抗戦」のポスターが目に入った。そこでボクシングのことから聞きはじめた。

「私にはボクシングジムを経営する日本人の弟分がいて、試合があるたびにチケットを送ってくれます。それで何度か見るうちに、いつしかボクシングという事業に惹かれたのです。と同時に素朴な疑問が湧きました。なぜ人口が中国の十分の一にも満たない日本ではこんなにボクシングが盛んで、世界チャンピオンがたくさんいるのか？　一方、広大な中国ではボクシングの試合が分散していて、世界チャンピオンも数えるほどです（ボクシングの主要四団体で世界チャンピオンを獲得したのは、二〇二〇年までに日本では百二十一人、中国では三人）。

　その後、中国では約三十年前にボクシングの試合が無くなったことを知りました。かつて試合中にあるボクサーが不慮の事故で亡くなり、ボクシングが危険なスポーツであるとみなされて全面中止となったのです。ようやく競技が復活したのが五年前のことでした。こうして自分の在日華商（中国商人）としての立場から、中国と日本のボクシング界の懸け橋となって交流を促進し、中国ボクシングの振興に貢献できないかと考えたのです」

　衝動にかられるように二〇一六年に中国へわたった彼は、三カ月余り各地を視察した。上海、北京にはじまり、雲南、山東、浙江などの各省を訪ね、いくつものボクシングマッチを

13　顧斌（クー・ピン／こ・ひん、日本名・芝山斌＝しばやま・たけし）

観戦した。そして国内トップクラスのボクサーとマネージャーに会ったほか、中国ボクシング競技にかかわる責任者とも接触した。そこで中国人選手を日本に派遣し、彼らの試合出場が可能かどうかを話し合った。こうした交流を通して互いに親交を深め、学び合い、より成長することができるという。顧のアイデアは中国側の賛同を得て、双方が努力を重ねた。そしてついに「日中親善対抗戦」と呼ばれるプロボクシングの試合が二〇一七年五月三十日、東京ドーム（東京・後楽）で開幕し、中国から来た六人の若手ボクサーが出場したのだ。

以来、こうしたイベントは次々と開催されている。顧によれば、対抗戦によって中国選手は日本の選手から多くのことを学んでいる。例えば、試合に敗れた中国選手は、日本の選手のように素直に負けを認められず、「今日は調子が悪かった」などと弁解することが多かった。また、中国選手は勝利を急ぐあまりに、開始のゴングが鳴るとすぐに猛攻撃し、第一ラウンドで相手をノックアウト（KO）しようとした……など。だが、日本の選手は初めのラウンドのうちは落ち着いていて、しだいに攻勢をかけていく。一般的に第八ラウンドか、第十ラウンドでようやく勝負を決めるのだ。

こうした日中親善の対抗戦を開くほか、可能性のある若い中国人ボクサーをトレーニングのために日本に招くというプランも顧にはある。まず三人を招待し、三年間のトレーニングを積んでもらう計画だ。彼らの給料を含めて衣食住と交通にかかる費用、そしてコーチングの費用はすべて顧の会社がスポンサーとして支援する。「営利目的ではありません。中国ボクシングのレベルアップの一助になればうれしいのです」と彼は言う。もちろん、スポンサーとして後押しした選手の中から中国王者が生まれたとしたら、この上なく彼を喜ばせるに違いない。

「日中親善対抗戦」が2017年5月30日、東京ドームで開幕した（写真提供：顧斌）

人生に欠かせない慈善活動と家族

このほか、顧は日本の慈善活動にも熱心にかかわっている。

「週末になると、東京の上野公園で行われているホームレス向けの〝炊き出し〟に参加していて、もう五年になります。主催者は、ホームレス支援を無償で行っている足立区のクリスチャングループです。私は信者ではありませんが、いくらかでも寄付をして手助けしたい。時には二人の娘を連れて行きます。生活の苦しい人たちを助ける意味を、小さいころからわかってもらいたいからです」

さらに毎月、銀行の自動振り込みでアフリカの貧しい国々に寄付をしている。この慈善活動を始めてすでに七、八年になるという。

ビジネスにしろ、慈善活動にしろ、顧にしてみれば日本人の妻のサポートなしでは成しえなかった。彼よりも十六歳若く、二十歳のころに学校を中退して社会の一員となった女性だ。二人の出会いについて聞くと、そこにもまたロマンチックな恋物語が綴られていた。

「当時、私はちょうど社長になった輝かしいころで、話すこと成すこと傲慢でした。通りを歩いていて、ひとたび美しい人を見ると、ナンパせずにはいられなかった。その日、彼女と出会ったのは、私がツイていたからでしょう。彼女は初対面の私との話を拒まず、いっしょに飲みに行こうという誘いも受け入れました。話すうちに、彼女が母親とケンカして、思い余って家を出てきたところだと知りました。飲みながら話し込んで遅くなり、これからどこへ行くのかと尋ねると、とにかく家に帰りたくないと言います。それなら私の家に来れば、ということになり、こうして彼女が私の暮らしに入ってきました。一週間ほど経った日のこと。遅くなっても帰ってこないので、心配してすぐに戻るようにと電話しました。すると『なぜ戻らないといけないの?』と聞くので、『あなたを好きになったから』と告白したのです。のちに彼女は妊娠し、プロポーズを受け入れてくれ、私たちは東京と上海の二カ所で結婚式を挙げました。私は三十五歳、彼女が十九歳のときでした」

結婚して間もなく長女が生まれた。現在十九歳で、慶應義塾ニューヨーク学院の高等部三年生だ。また十七歳になる高校二年生の次女もいる〔二〇二〇年〕。二人の子どもを学校に上げてから、妻は自由になった時間を生かそうと、エステサロンでのアルバイトを始めた。二カ月ほど働いたある日、彼女は突然、アルバイト先のようなエステサロンを開きたいと顧に

13　顧斌（クー・ピン／こ・ひん、日本名・芝山斌＝しばやま・たけし）

打ち明けた。妻が社長としてビジネスに乗り出すことには不安もあったが、それでも彼はそのチャレンジに同意した。驚いたことに妻の店は評判を呼び、二号店、三号店と次々と新店舗をオープン、最も多いときで九号店まで拡大した。「もうキャリアスケールは私を超えていますよ。目を見張らずにはいられません」と顧は感心することしきりだった。

〝アフターコロナ〟に見据えるチャンス

二〇二〇年、新型コロナウイルスが世界中で猛威を振るい、訪日中国人観光客をよりどころとする顧の三つの事業（決済代行サービス、医療サービス、税還付ビジネス）は、ほぼ麻痺状態になった。それまでは、決済代行サービスだけで月々の売上高は約一億円に上っていたが、新型コロナの感染拡大に伴い、月に二百～三百万円まで下落。ほかの事業も大きな損失を被ったという。観光客が来なければ、収入の見込みはないからだ。

突然のコロナ禍に見舞われた彼は、天を恨んだり人をとがめたりせず、政府の給付金をあてにするだけでもなかった。この機会を利用して、熟慮の末にまったく新しいビジネスの道を切り開いたのだ。

コロナ禍より前、医療サービスに携わっていた彼は、しばしばこのような状況に出くわした。つまり、日本の高度な医療サービスを受けるために来日したい中国人客がいるのだが、さまざまな要因により、ほとんど実現できないでいた。そこで何とか来日できなくても、日本の医師の診察が受けられ、処方された薬を手に入れる方法はないだろうか？ そう考えた彼は、欧米で開発された「オンライン診療」という医療サービスに着目した。この先端を行くモデルにならえば、より新しくより市場性のある医療サービスを展開できると考えたのだ。もちろん、こうした斬新なアイデアが生まれても、スタートまでにはなお時間を要することは言うまでもない。現在手がけている事業の中から時間と精力を抽出し、この新規事業にあたらなければならないからだ。

新型コロナウイルス感染拡大を受けて、マスクなど支援物資を中国に送る活動に参加した（写真提供：顧斌、左から３人目）

13　顧斌（クー・ピン／こ・ひん、日本名・芝山斌＝しばやま・たけし）

しかし、もしコロナ禍が彼のビジネスにダメージを与えていなければ、これほど早く「オンライン診療」に着手できなかったとも考えられる。「神様がドアを閉じる時、どこかの窓を開けてくださる」（必ず別の道はある）とよく言われるが、こうしてみると彼の場合は「神様がドアを閉めたからこそ、自ら窓を開けに行く」のであろう。顧によれば、日中両国においてはどこの企業も病院もまだこのサービスを始めていない。目下（二〇二〇年九月時点）、彼はこの分野での日中における最初にして唯一の存在だといえる。

ところで、顧が手がけているのは「リモート問診」であり、従来の「オンライン診療」とは診療のポイントが異なるという。「オンライン診療」はおもに難病を対象としていて、より多くの人的資源（医師や専門家など）を必要とするが、いわゆる市場規模は限られている。一方の「リモート問診」はおもに慢性疾患や一般的な病気を対象とするものだ。顧は、一に痛風、二に糖尿病、三に肺炎・肺がんといった病気の治療からスタートしたいと考えている。というのも、このような病気の治療は「日本の強み」であると考えられているからだ。また「オンライン診療」の場合、初めに患者の主治医とオンライン上の専門医が情報交換をしなければならないが、「リモート問診」の場合はこのプロセスを省略できる。日本人の医師はオンライン動画を通じて直接中国の患者に問診し（通訳の同席も可能）、処方箋を出すことが可能なのだ。医薬品は、ＥＭＳ（国際スピード郵便）などを通じて患者のもとに届けられる。この医療サービスシステムが開設されれば、中国の中高所得層はいつでも日本の高度な医療サービスを受けることができ、合理的かつ合法的に日本の処方薬を入手できる。安全で便利な窓口が開かれるというわけだ。

顧は、さらに具体的なプロセスを明らかにした。

「まず、ビジネスパートナーとして、日本の有力な上場企業を見つけました。次に、東京である診療所を買収し、そこを『リモート問診』の日本の拠点とします。診療所の医師が『リモート問診』を担当するのです。また、私たちは中国の北京や上海といった大都市にある有名な医療機関とそれぞれ契約を結びます。そうした病院をリモート問診の〝現地サービス拠点〟とし、各病院とわが社の中国エージェントがプロモー

今では、日中両国ボクシング界の懸け橋として活躍している

13　顧斌（クー・ピン／こ・ひん、日本名・芝山斌＝しばやま・たけし）

ションや患者の募集を行うのです」

「リモート問診」の展望については楽観的で、大きな期待を寄せている。

孔子の言葉に「五十にして天命を知る」（『論語』）とある。すでに「天命の歳」を迎えた彼は、新しい夢をかなえるには、まだまだ困難な道があることを承知している。「新しいビジネスとは、高い壁に立ち向かっているようなもの。そこを乗り越えないと、何もわからないのです。壁の向こうには、きっとすばらしい新世界が待っているに違いない。だからこそ私は振り返らずに、前進して行くのです」

五千円から一千億円への成功物語
——日本の「華人一の富豪」がホテル王国を築いた道のり

14

露崎強

（つゆさき・つよし、
中国名・那強＝ナー・チアン／な・きょう）

華人企業家、「株式会社CHI」会長

1962年、中国北京市生まれ。幼少期から音楽の才能に恵まれ、湖北音楽学院で学んだのち、1987年に来日。日本語学校を経て1988年、中国ビジネスコンサルティング会社「株式会社CHI（シーエイチアイ）」を設立。その大胆な行動力と鋭い洞察力で、次々と事業を生み出す。東京日本橋外国語学院、習志野日本語学院など多くの日本語学校を開設したほか、東京、富士山麓、大阪、長崎など全国10カ所以上で大中型リゾートホテルやゴルフクラブを運営。さらに観光バス会社、旅行会社などの関連ビジネスも幅広く展開する。「日本で最も影響力のある華人企業家」「在日華人一の富豪」として知られる。（写真提供：露崎強）

家族の幸せのために稼ぎたい

一九八〇年代後半、中国の若者たちの間で日本留学ブームが巻き起こった。音楽が好きな、北京のある若者も例外ではなく、母親は一年分の学費として家じゅうの貯蓄をかき集めてくれた。だが、入学手続きを終えて成田空港に降り立ったとき、彼のポケットに残っていたのはわずか五千円。日本語学校からワゴン車が迎えにきたが、運転手は「空港から寮までの交通費五千円は先払いしてください」という。自分の所持金すべてではないか！　呆然とした彼はもう少し安くできないかと頼んだが、運転手は首を振るばかり。それでもひるまず、とっさの機転でこう提案した。「ちょっと待っていただけますか。到着ロビーで、乗車したい中国人留学生を何人か探してきます。あなたはふつうに運賃を請求して、ぼくのは半額にしてください」。日本の運転手は、君は本当に抜け目がないと言わんばかりに一瞥をくれた。運転手が黙認しているようすを見て、彼は急いで到着ロビーに戻り、留学で来日した中国の若者二人を見つけた。こうして努力はムダにならず、みごとに二千五百円を節約した

14　露崎強（つゆさき・つよし、中国名・那強＝ナー・チアン／な・きょう）

のだ。これだけあれば少なくとも二日間は食べていける。このときの経験は、彼が来日後に成し遂げた最初の「ビジネス」として数えられるだろう。

この若者が、三十年ほどのちに日本の主要全国紙の一つ、読売新聞に「在日華人一の富豪」と書かれた露崎強だ。総資産は一千億円超。筆者が最初にインタビューしたのは二〇一七年、彼の一三〇トン級の超大型豪華クルーザーに乗りながらであった。

話題はその自家用クルーザーと航海のことから始まった。「私の実業界での冒険はもう終わり。次は海の冒険をする番です。大好きな海でクルーザーを操縦し、大海原を航海するのが、私にとっては最高にエキサイティングで楽しいんです。この東京湾の中でも最大級のクルーザーを、約十四億円で購入しました。パナマ船籍で、どの国でも行くことができる。船内設備も充実していて、グローバルな衛星通信システムで、電話、微信（中国のSNS、ウィーチャット）、テレビなども利用できます。私は長年の出港経験がありますし、船舶免許を持っているので、自分で操縦することもできる。若いころは長年漁業をやっていて、当時は十五隻の漁船がありました。お金を稼ぐために海へ出ましたが、今は違う。刺激を求めて、海へ冒険に行くのです」

彼の異郷での暮らしは、職業を変えるたびに、まさにそれが冒険となった。しかも冒険の前にはいつも正しい見通しを立て、それでリスクを回避してきた。どんな業界にあっても、その道のプロとして一目置かれる存在になってきたのだ。

露崎強は一九六二年生まれ。清朝を打ち立てた満州族の皇族を祖先にもつ、生粋の北京人だ。幼少のころより音楽が好きで、ピアノ、アコーディオン、ファゴット、ハープなどさまざまな楽器に親しんできた。そして、その音楽性を伸ばそうと、推薦を受けて中国湖北省の湖北音楽学院に進学。そのころから日本に対して好感を持ちはじめた。日本に住んでいる親戚や、日本の映画やドラマの影響があったからだろう。こうして、大学を卒業する前の一九八七年に東京へとやってきた。

日本語学校では、日本語を学びながら学生を募集する仕事を手伝った。また、中国にいた何人かのミュージシャンとともに北京に音楽学校を設立した。都合の良かったことに当時、彼のいた日本語学校では出席率を記録しておらず、そのため恋愛でも何でもやりたいことにチャレンジできた。当時のガールフレンドは、都内のある区役所に勤める日本人女性で、露崎に中国語を学んでいた生徒だった。彼は結婚したいと考えていたが、彼女はそれについて一度も触れたことはなかった。そうこうするうちに露崎の二年の留学ビザ〔在留資格〕の期限が迫り、彼はいったん日本を離れて海外へ行くことを余儀なくされた。彼女とも離れなければばならない。すると、彼が追い詰められていることを知った日本語学校の校長〔当時〕が、三カ月間の日本滞在ビザの申請をサポートしてくれ、しかも自宅の一室を貸してくれた。露崎はこのチャンスを逃すまいと、再びガールフレンドに猛アタックしはじめた。

「そのころは、毎朝早起きして日雇い労働者として働きました。スーツ姿でリュックの中に作業服をつめこみ、高田馬場の日雇い労働市場に着くと作業服に着替えるのです。そこで立っていると、担当者〔手配師〕が現場に連れて行ってくれました。一日働いて八千円の稼ぎです。その晩、日当をもらうと地下鉄駅の出口で待ち構え、彼女が来たら夕食に誘いました。食事代は五千円、残りの三千円は銭湯の料金や翌日の交通費として使います。一カ月ほどはほとんど毎日そんなでした。滞在ビザが切れる一週間前のこと。彼女が突然、

露崎は音楽が好きで、ピアノ、アコーディオン、ファゴットなどさまざまな楽器に親しんでいる（写真提供：露崎強）

『赤ちゃんができた。どうしよう？』と言うので、『産んでほしい！』と応えました。彼女と結婚したかったからです。母と相談しなければ、と彼女は言っていました。そしてビザの期限まであと三日に迫ったとき、彼女から結婚できると伝えられました。その晩、日当で彼女にごちそうする代わりに、五千円で中国にいる母に国際電話をかけました。私が結婚することを知ってとても喜び、貯金の全額（日本円にして二十五万円）を人に託して私に贈ってくれました。日本では結婚すると配偶者を扶養しなければなりませんが、当時の私にはその力がなく、本当に恥ずかしかった。メンツ丸つぶれです。妻を養い、母からの借金を返し、家族みんなを幸せにするために、私はもっと稼ごう、大金を稼ごうと決心したのです！」

学校からホテルの経営へ華麗な転身

結婚後、露崎は日本で音楽を続けたいという当初の夢をあきらめ、実業界での冒険の道を歩みはじめた。

彼とすっかり相棒になった日本語学校の校長とは、一九八八年に中国ビジネスコンサルティング会社「株式会社ＣＨＩ（シーエイチアイ）」を共同で設立。これをきっかけに利益を求めて、あらゆるビジネスを試しはじめた。福建省から養殖ウナギを輸入したり、天津の特別経済エリア・保税区に展示ホールを設けたりした。ほかにも北京で航空券を販売したり、衣料品の来料加工（委託加工）貿易をしたり、漁船を購入して漁業や運搬を手がけたほか、栃木県宇都宮市に山東料理店を開き、さらには東京に日本語学校と留学生寮を開設した。その中で、一番うまくいったのが、日本語学校と留学生寮の経営だった。

　一九八〇年代初頭、日本政府は二〇〇三年までに十万人の外国人留学生を受け入れる「留学生十万人計画」を打ち出した。露崎はこれに商機を見いだして、それまでに貯めた資金で三校の日本語学校を次々と設立。学生はもっとも多いときで二千人に達したという。学生から徴収する費用は一人あ

「株式会社CHI」のグループホテル一覧

たり保証金五十万円、学費六十万円、さらに諸経費を加えて最低百五十万円だった。学生一人が百五十万円で、二千人で三十億円。それは莫大な資金であり、しかもすべて現金だった。だから銀行に預金したとしても、いつか銀行が破綻したらどうしよう、と彼は気が気ではなかった。そこであれこれ考えて、建物を購入する不動産投資をしたほうが保険になると考えた。

一九九〇年代、日本ではバブル経済が崩壊し、普通銀行の不動産向け融資が停滞。地価は年々下落して、多くの法人や個人が融資の返済をするために、物件を競売にかけることを余儀なくされた。露崎はこのチャンスを逃さなかった。裁判所で行われる不動産競売で「宝探し」とばかりに物件を買収し、それを日本語学校の校舎や寮として利用したのだ。

この行動も、のちに露崎がアグレッシブに物件を買収してはホテルを建設していく伏線となった。

ある時期、日本語学校には多くの問題が噴出した。日本政府は悪徳な日本語学校に対して、厳しい審査と取り締まりを始めた。露崎は、日本語学校は今後ますますやりにくくなるだろうと感じ、新しい道を切り開いて、別の投資先を探さなければならなかった。ちょうどそのころ、日本政府が打ち出したスローガンが彼の目を引いた。「日本は観光立国を目指

14 露崎強（つゆさき・つよし、中国名・那強＝ナー・チアン／な・きょう）

す」。そうだ、急いでホテルに投資しよう！　観光立国の幕が上がると、間違いなく多くの外国人、とくに中国人が押し寄せる。それは無限大のマーケットになるはずだ……。露崎は再び、ビジネスチャンスを見定めた。そして裁判所での不動産競売で引き続き「宝探し」を始めた。今度は一般的な不動産物件だけでなく、既存のホテルや旅館にも目を光らせたのである。

まず二〇〇四年、千葉県木更津市にあった破産した旅館を低額で買収し、「東京ベイプラザホテル」と改名して、日中両国のスタイルを融合させたホテルとしてリニューアルした。同ホテルはオープンしてからわずか数カ月で、中国からの団体客や日本の観光客を次々と迎え入れた。

露崎によるホテル買収の第一砲が打ち鳴らされると、以来、それは鳴りやまなかった。二〇〇八年「富士山ガーデンホテル」、二〇一二年「長崎ホテルマリンワールド」、さらに「ホテルセキアリゾート」「神戸ホテルフルーツフラワー」「ラディソン成田」「東京デイナイスホテル」などで、彼が買収し経営する大中型リゾートホテルは現在十軒余り。さらにゴルフクラブ、観光バス会社、旅行会社なども買収して運営している。

ホテルを買収し吸収合併する過程で、もめ事がなかったわけでない。彼は一例を挙げた。

「以前、あるホテルを買い取り、すべての手続きを終えた後、ホテルのアシスタントマネージャーが突然、辞職願を出しました。しかも彼一人ではなくスタッフ全員が辞めたいと言うのです。いったい何が起こったのか、私は戸惑いました。そのとき、多くのお客様がチェックインを待っていましたが、彼らはもう動こうとしません。これじゃダメだ！　私はすぐにグループの各ホテルに電話し、大至急二人ずつ寄こすようにと指示しました。それからアシスタントマネージャーと向き合い、こう言いました。『私はあなたをまだ知りませんし、あなたの恨みを買ったこともありません。どうして辞職するのですか？　私がこのホテルを買い取ったというだけで〝仕打ち〟をするんですか？　はっきりさせましょう。前のオーナーは、無責任にもあなた方を売ったのです。それが現実で、あなた方が私に怒っても何の役にも立ちません。これで家に帰るなら、何も話さなくていい。でも先に仕事をするなら、何をしたいのか、何を求めているのか、明日私に教えてください。それで私がＯＫならあなたは残る、私がＮＯならあなたは帰る。じつにシンプルなことですよ』。アシスタントマネージャーは黙っていました。そこで『何も言わなくていい。まずは仕事についてください。賃金は払います』と言いました。翌日、彼と話してようやくわかりました。彼らは、これまでのスタッフは全員解雇されるという噂を聞き、対抗策をとったに過ぎなかったのです。結局、私の説得でこれまでのスタッフは一人も辞めず、全員私のホテルに留まってくれました」

裁判所で競売にかけられた物件を落札した後、元のオーナーが退去しない場合はどうするか？　筆者は尋ねた。

「それなら説得しに行きます。『今、拒んでも結局出ていかなければならない。それならすぐに退去したほうがいいでしょう』と。ほかの対策もあります。もし相手がホテルのオーナーなら『いっそのことここで一緒にやりましょう』と勧め、そしてこう説得します。『このホテルはあなたが経営してください。あなたがマネージャーで、私はオーナーです。給料は払いますし、あなたはこれまでのように終日お客様が来ないことを心配する必要はなくります。日本人客の誘致についてはあなたが、外国人客については私が考える。利用客は必ず私が確保します』と。のちの実践により、このアプローチが有効であることが証明されたのです」

露崎がホテル王国を築いた理由

　露崎のホテル買収は、キャリアの時期によってそのポイントが異なるという。キャリアの前期はおもに裁判所が強制競売にかけた物件を落札していたが、後期はおもに公営の物件を買収している。両者を比べると、公営物件の入札は価格のみならず、入札者の総合評価もかかわってくるので、より難しい。入札者の評価がマイナスであってはならず（不良記録）、しかもホテルは利用客が確保できるかどうかが重要視されるのだ。彼がたびたび入札で勝ったわけは、年間数十万人もの海外からの利用客が見込まれたからだ。それが最大の強みでもあった。

　当時、日本の地方自治体が経営するホテルの多くは損失を出していた。民間との競争が許されておらず、スタッフに競争心がないからだった。彼らにとって最大の関心は、福利厚生待遇と自治体予算で、それは民間企業の意識とはまったく異なる。民間企業は自分たちが働いて稼がなければ、誰もお金をくれる人はいない。また融資を受けたくても、まずは自分で稼いで業績を上げなければならない。日本の銀行が融資するかどうかは、その会社の納税証明や利益率といった実績による。かりにそのとき利益がなくても、利益が見込まれるプランを示すことができれば、銀行は融資してくれる場合もある。露崎が銀行から融資を受けて、利益を上げられる理由は、これまでの業績があるのみならず実力があるからだろう。

外国人観光客、とりわけ中国人客の受け入れについて、日本で露崎と渡り合うことのできるホテルはほぼないのではないだろうか。経営のコツや優位性はどこにあるか？　そのビジネスアプローチは、以下に示す通りだ。

第一に、中国人市場に狙いを定めたこと。彼の事業の成功は、中国人という巨大な市場をつかんだことにある。ホテルを買収しても日本人相手の商売だったら、日本人が経営するホテルにはかなわない。経営やサービス、顧客ニーズを把握する上で、日本人のような繊細さ、正確さにはとても及ばないからだ。彼は長所を生かし、短所を補って、中国人客の誘致のために全力を尽くす必要があった。

第二に、中国全土の津々浦々に深く入り込み、一貫したパッケージ・サービスを提供したこと。彼が代表取締役社長（現・会長）を務める会社ＣＨＩは、上海、北京、大連などの大都市にそれぞれオフィスを構えている。中国のほとんどの旅行会社にその名が通り、各社がこぞって協力の商談に来る。協力の仕方もじつにシンプルだ。CHIは旅行会社に価格を提示し、旅行会社はセールスと集客のみを行い、それ以外はタッチしない。というのもCHIは、日本全国に及ぶ産業チェーンを完備しているからだ。南から北にいたる観光のゴールデンルート〔外国人客向けの日本の広域観光周遊ルート〕でも、観光客はCHIのホテルに泊まり、CHIの大型観光バスに乗り、CHIのガイドに案内してもらう。そして免税店側もCHIの話を聞く〔案内する観光客が多いため〕。つまり、航空券と旅行会社の手数料を除いて、観光客のほとんどの消費がCHIのふところに収まるというわけだ。

第三に、中国人向けにオーダーメイドのホテル設備を整えたこと。露崎は中国人の文化的習慣にならい、ホテルを全面的に改装している。富士山麓にある富士山ガーデンホテルを例にとると、二〇〇六年にホテルを買収し、それから再設計してリノベーションを行った。以前のスイートルームはいずれも壁をぶち抜いてつなげたため、各部屋の面積は最低四〇平方メートル以上になった。〔中国北方の人などは背が高いため〕客室のベッドは特別にカスタマイズして大きくし、シングルベッドは一・四メートル幅に広げ、サイズをより大きくした寝具も備えた。また、中国のテレビチャンネルを多く視聴できるようにしたほか、部屋のコンセントの電圧は日本基準の一〇〇ボルトよりも高い二〇〇ボルトに調整した。中国人客たちが中

14　露崎強（つゆさき・つよし、中国名・那強＝ナー・チアン／な・きょう）

国から持ってきた電化製品のプラグを直接差し込むことができるからだ。

第四に、ホテルのコストを最小限に抑えたこと。露崎のホテルで使用される備品やホテル用品は、ほとんどが中国製だ。例えば、客室の家具、電化製品、掛布団やシーツなどの寝具、カーテン、歯ブラシ、歯みがきなど。日本人はいくつかの仲介業者を通してそれらを仕入れるが、露崎は中国のメーカーから最安値で、ダイレクトに仕入れることができる。しかも彼はＣＨＩに独自のリフォームチームをつくり、各ホテルの内装をはじめ、カーペットの洗浄、ステージ・照明・エアコン・ボイラーの設置といった雑務をすべて任せている。こうした雑務をすべて外注した場合、コストが大幅にふくらんでしまうからだ。

露崎がホテル王国を打ち立てるまでには、経営危機に見舞われたこともあった。例えば、二〇一一年の東日本大震災では、訪日団体旅行客の予約キャンセルが相次いだ。被災地の福島県はもちろん、東京都内でも一時休業に追い込まれたホテルがあった。日本じゅうのホテルが、客離れの危機に陥ったのだ。露崎のホテルも例外ではなかったが、それでも中国人観光客の動きに一縷の望みをかけていた。彼は二カ月間、休むことなく中国各地を駆け回り、各旅行社に東京の安全性をＰＲしたほか、通常のホテル料金の三分の一という特別な優待価格を提示した。こうして、予想を上回る百二十五団体、四千人余りの宿泊予約を獲得したのだ。

日本の観光業が大きく発展するにともない、露崎の事業もますます拡大している。二年ほど前、彼は百二十億円で買収した広大なリゾートホテル「ラディソン成田」（成田空港に近い千葉県富里市）の敷地内に、さらに三十億円という大金を投じて、関東最大級の大型温泉スパ施設「東京湯楽城」を建設した（通称・湯楽城、敷地面積約一万四〇〇〇平方メートル）。

「ここは誰もが食事や入浴、宿泊、さらには文化交流やレジャーを楽しむことのできる施設です。地元の人はもちろん、中国と日本の多くの観光客に、まったく新しい総合レジャー施設を提供するプラットフォームなんです」と彼は胸を張る。

湯楽城については開業後、ここを舞台に「愛に

一般社団法人日本華商経済文化促進会（張哲銘会長）は、在日華人企業家を中心とした交流プラットフォーム。露崎は、同会の名誉会長（前から2列目中央）。本書⑬の顧斌（同2列目右端）が、副会長を務めている（写真提供：露崎強）

国境はない」ことを示した美談がある。二〇一九年八月にオープンしたばかりの湯楽城は九月九日、千葉県に上陸した台風十五号の襲来を受けた。台風は関東地方などに甚大な被害をもたらしたが、湯楽城のある地元だけでも十万世帯が停電し、一万五千世帯が断水した。そうした危機にあって、露崎はただちに地元被災者のために湯楽城を無償で開放することを決めた。しばらくして、知らせを聞いた被災者たちが、湯楽城の玄関前にえんえんと長蛇の列をつくったという。データによれば、このとき湯楽城は二千人を超える被災者を受け入れた。日本のある中国語メディアは、「華人一の富豪が雪中に炭を送る、東京湯楽城は被災地のオアシスに」と題して、大々的に報じたという。

エピローグ

筆者はかつて「在日華人一の富豪」と呼ばれることについてどう思うか、尋ねたことがある。すると「私の個人資産が一千億円を超えたことからすれば、そうかもしれません。でも『在日華人一の富豪』の〝富〟を〔同じ発音である〕負債の〝負〟に置き換えたら、もっとその名にふさわしい。銀行ローンの額からみれば、私は間違いなく在日華人一の負債者です。ただし、一番の負債者は、一番有能な人でなければなりません」

露崎は疑いなく自信にあふれた将来性と洞察力のある経営者だが、同時に自分の欠点を隠さない正直なところもある。「私は実績のある起業家ですが、すぐれた管理者ではありません。私の短所はせっかちなところ。ですがビジネスを管理するには、毎日同じ仕事、同じ顔ぶれに向かい合い、それを長年繰り返さなければなりません。私にはそうした状況が耐えられない。とくに他社に対する返済要求、債権回収といった仕事が得意ではありません。わが社には千五百人を超えるスタッフがいます。あの社員が結婚した、この社員が出産したといった配慮すべきことが多すぎて、私には手がまわらないのです。こうしたことは、すべて妻が管理しています（露崎の二番目の夫人は、非常に有能な中国人女性）。だから彼女は毎日、とてもがんばっています。妻がいてくれるので、私は時々クルーザーで海洋遠征ができるのです。私たちは互いに助け合おうというのが、結婚のときの暗黙の了解でした」

「成功した男の影には必ず女がいる」（内助の功）とよく言われるが、露崎自身もこのことわざを実証した一人だといえるだろう。

エピローグのその後

二〇二〇年七月二十一日、筆者は露崎にショートメッセージを送信した。新型コロナウイルスの感染拡大が、彼のホテル王国に与えた影響と、その講じた対策について聞くためである。この質問をするのは、じつにきまりが悪かった。聞くまでもないことだからだ。

彼のホテル王国は、おもに中国人観光客から利益を得ている。中国人客が多ければ収益は当然増えるが、少なければ減り、来なくなればゼロになる。これがホテル業者の直面する、非常に厳しい現実だ。予想通り、露崎はこの質問に答えたくないようだった。というよりも正確には、どう答えればいいかわからなかったのだろう。彼は微信の音声メッセージを使って、このように返答してくれた。

「ありがとう！　でも、やはりコロナの流行が過ぎてから話しましょう。まだ見通しがつかないし、どんな結果になるかわからない。話すのは来年まで待ってもらうことになるかもしれない」

「コロナの流行については、もう言うことはないですね。もともと七月には収束すると見込んでいたが、来年七月だってどうなるかわからない。専門家ですら判断できないのに、私に何が言えるでしょう？　企業〔グループ〕としても状況の推移を見守るのみです。もし流行が長引けば、私たち企業はもう終わりかも……」

「今後もっと心配になるのは、日本と中国の関係、そしてアメリカと中国の関係です。これはもっと恐ろしいこと。いつかまた戦争になれば、どうすればいい？」

「やはりまた話しましょう。今年は日々変化しているので、何といえばいいかわかりません」

筆者は、この「在日華人一の富豪」の今の無力感とこれからの不安がよくわかる。とりわけ、彼が触れた中日関係、中米関係についてのくだりは、まさに「細思極恐」〔考えれば考えるほど恐ろしい〕ことである。

とはいえ、露崎からのメッセージを受け取った後、微信の〝モーメンツ〟〔タイムライン〕や日本の中国語メディアで、この大富豪がいかにコロナの流行に立ち向かったかを知った。私あてのメッセージが彼の落ち込んだようすを表すとすれば、それらの消息にはコロナ禍にあってなお彼が果敢に挑むようすが反映されている。後者も彼の一面であり、奮闘努力している姿であるので、消息の一部を抜粋し、ここに共有したいと思う。

14 露崎強（つゆさき・つよし、中国名・那強＝ナー・チアン／な・きょう）

――露崎のホテル王国は、新型コロナ流行の〝第一波〟であった〔二〇二〇年〕三、四月に、中国人留学生たちに多大な貢献をもたらした。そのころ一部の留学生たちは、無事に学業を修め、住んでいた寮やアパートを後にして日本に別れを告げ、帰国する準備をしているところだった。しかし、コロナの影響で予約していたフライトが欠航となり、航空券の払い戻し手続きか、ほかの便への変更のみが可能といった状況だった。そのため、フライトの変更が決まるまでの間、彼らの宿泊が大きな問題となって浮上した。それを知った露崎は、すぐさま大英断を下した。日本に足止めされた中国人留学生のために、グループ傘下の六つのホテルを一人あたり一泊三千円というコスト以下の価格で提供したのだ。感染を防止するため、宿泊した留学生はすべて個室扱い。中国メディアのインタビューに、彼はこう答えている。「中国の留学生を助けるために最善を尽くすことは、私たち華人企業家としての責任です」。コロナ禍の中にあっては、企業であれ個人であれ、誰しもが自分の身を守ることに必死になるが、露崎は進んで同胞たちに救いの手を差し伸べた。それは実際、なかなかできない奇特な行為だ。

日本政府が緊急事態宣言を解除〔同年五月二十五日〕してから、日本ではいよいよ七月のお盆休みを迎えた。露崎はこの機会に、人々に大いに楽しんでもらおうとする奉仕プロジェクトを実施。つまりグループ傘下にある全国のホテルのプールを、いっせいに開放したのだ。またたく間に、各地のホテルにはプール客がどっと押し寄せた。彼が提示した写真からもわかるように、まさに「人の山、人の海」だ。あるホテルのレストランでは、プール客のために山盛りの豪華な食事を用意した。露崎は微信のモーメンツで、こう冗談を言っている。「うちのホテルを見たら、歌って踊って、まるで何も起こらなかったかのようだよ。日本人はすごい！」――

すごいと言えば、おそらくもっとすごいのが露崎自身だろう。日本の中国人女性記者、孫《スン》秀蓮《スーリエン》さんが、露崎の「コロナに抗う一千キロ航海記」というインタビュー記事をまとめている〔日中文化交流誌『和華』公式アカウントの中国語記事〕。その中に、このような記述がある。

――自宅で一カ月以上こもっていた〔自粛期間のこと〕。日増しに感染が拡大するのを見ていて、その上、企業経営を考えるとストレスがたまり、精神的に落ち込んだ。経営者

14　露崎強（つゆさき・つよし、中国名・那強＝ナー・チアン／な・きょう）

としての私は、ふだんは羽振りがいいように見える。だがコロナ禍に遭い、非常におびえているし、この苦しみは言葉では言い表せないほどだ。というのも顧客がいなくなってしまい、収入がなくなったからだ。現在、銀行への元本返済や利息の支払い、それに固定資産税、各種税金、従業員の給与などの諸経費を払う必要があり、毎月最大四億円の損失を抱えている。もしコロナの流行が一年続けば、四十億円以上の損失が出てしまう。経営がうまくいっている会社でも、これだけの損失が続けば耐えられないはずだ。ストレスが大きすぎて息もできないほどだが、これは本来あるべき姿ではないと思った。この低迷期に新たな刺激が得られれば、私の精神状態もまったく変わるのではないか。そう信じた私は、航海に出ることにした。東京湾を出港し、目標は神戸港だ！　乗船したのは私とアシスタントの二人だけ。私がクルーザーを操縦し、アシスタントがエンジンや各種機器を請け負った。いかな

新型コロナによる自粛期間中、大きなストレスを抱えた露崎は新たな刺激を求めて航海に出た（写真提供：露崎強）

るプロセスでも問題があれば、転覆する危険があった。約一千キロメートルに及ぶ航路では、時に七メートルもの高波に遭うこともある。そうした状況ではものすごい荒波にスクリューが持っていかれ、デッキにいる人が押し流されても不思議ではない。前進するか、後退するか、すぐに決断しなければならないが、目標に向かって前進するしか私には選択肢がなかったのである。こうして、新型コロナが猛威を振るい、ビジネスが大きな打撃を受けたとき、私は単独で航海することを選んだ。大自然に挑むだけでなく、もっと重要なことは自分自身に挑むことであった。東京湾から神戸港まで、三日間にわたって太平洋の激しい風波に命がけで戦った。まさにスリリングでエキサイティングな海の冒険だ。多くのことは、意味があるからやるのではなく、やったことに意味があるのだ。コロナ禍を受けて損失は続き、個人や企業はどこへ向かうのか？　落ち込んで絶望するか、または困難を乗り越えて前進するか、私たちは選択することができる。企業経営者としてプレッシャーは一般の従業員よりはるかに大きいが、私はプレッシャーに負けないし、すでに長期戦を闘い抜くための精神的準備と資金の貯蓄を済ませている。私はきっと乗り越えられると信じている——。

14　露崎強（つゆさき・つよし、中国名・那強＝ナー・チアン／な・きょう）

「コロナに立ち向かう準備ができたら、自信がわいてくる。コロナは人の肉体を滅ぼすかもしれないが、私たちの精神と信念まで打ち負かすことはできない」（露崎強）。この言葉こそ、彼が「一千キロの航海」を通して伝えたかったスピリットであるのだろう。

あとがきにかえて

本書に登場する在日中国人は十四人。そのうち九人は、かつて日本が高度成長期の頂点にあり、アメリカに次ぐ世界第二位の経済大国だったバブルの時代に来日しています。まだ若く、なんの実績も、大きな伝もない、裸一貫の彼らが、日本にジャパニーズドリームを追い求めてやってきました。ある人は空港に降り立った時の所持金が五千円しかなかったという、まさにゼロからの挑戦だったのです。

そんな彼らが故郷を離れ、異国である日本で次々と立ちはだかる障害を乗り越え、日本人の社会に積極的に溶け込み、一つ一つ、仕事の実績と信頼を積み上げ、成功への階段を駆け上ったのです。

そして月日は流れ、本書に登場した彼らは、ついにそれぞれの事業を軌道にのせ、日本で大きく成長する信頼と実績を築き上げました。

あとがきにかえて

しかし、その間日本では、バブル崩壊後、失われた二十年と言われる停滞期に入り、二〇一〇年には、日本の名目国内総生産（GDP）の実額は、年間を通じて初めて中国の名目GDPを下回り、ついにアメリカに次ぐ世界第二位の座を中国に明け渡すことになりました。それからさらに十年、成長著しい中国と日本のGDPの差は開いていくばかりで、日本は、先進国の中で唯一、平均所得が減っているというデータもあるほどのありさまです。

日本は人口も毎年物凄い勢いで減り続け、高齢化も恐ろしいスピードで進んでいて、若者の自殺率が異常に高い国でもあります。それは、若者が夢を持てなくなった国と言っても過言ではないほどの厳しさです。

もう日本人は目を覚まさなくてはならない時がきたのではないでしょうか。

もう元気のない日本人同士では、この小さな島国の中で、ただただ落ちていく国の中で、希望を見出すのは難しいのではないでしょうか。

そんなことを思うこともしばしばです。

私は、そんな元気のなくなった日本社会の中にあっても、猛烈な勢いで突き進む人達を目にする機会が最近増えていましたが、それがまさに本書に登場する在日中国人のような人達でした。

彼らは、普通は逃げ出したくなるようなどんな逆境も跳ね返し、とてつもないエネルギーで突き進みます。でも決してそれは順風満帆で、運が良かっただけ、ということではないのは本書を読めばよくわかります。なにしろ、この景気後退局面にある日本で、彼らは事業を立ち上げ、そして成長軌道に乗せているからです。外国人であるが故にさまざまなハンデのある彼らが異国の地の日本でできるのに、なぜ我々日本人にできないのでしょうか。彼らも我々日本人と同じ人間です。中には自殺を考えるほどの挫折を味わい、ギリギリの状況の中、しかし、それでも諦めずに挑戦し続けて、最後には大きな成功を勝ち取っている人もいます。彼らは最後まで決して諦めなかった。そこに明暗が大きく別れているのではないでしょうか。

そして、昨年から始まった、新型コロナウイルスの受難にあっても、常にポジティブな彼らの生き方に感銘を受けます。ここに登場する在日中国人たちの仕事の中には、ダンス教室や、整体師、飲食店、ホテル、観光バス会社などもあり、どの仕事も、もろにコロナ禍で影響を強く受けていると思われる仕事が多いのですが、これほどの逆境にも果敢に立ち向かい、精神的な強さだけでなく、創意工夫をして、その困難を乗り越えようとする彼らの仕事に対する情熱に驚き、感動すら覚えます。

あとがきにかえて

我々日本人は、近くて遠い隣国、中国からやって来た彼らから、その前向きな生き方を学ぶときが来たのではないでしょうか。

常に内側からは変わらなかった日本人の歴史が証明するように、この小さな島国の中で、これからも日本人同士では、変わらないことが多いと思います。

最近、「中国は何を考えているか分からない」「中国人は〜だから信用できない」など、国家や民族を一括りにして考える「嫌中本」が何冊も発行されて、日本の書店の店頭に並ぶなど、国民のナショナリズムをあおり、消費行動につなげていく愛国ビジネスが蔓延しつつありますが、これも日本人の自信のなさの表れではないかと思います。「日本は素晴らしい」「日本人ってすごい」と思うことで、日本がどれだけ世界の潮流から取り残されているのかを見ないようにしている。日本人であることだけで誇りと自信を保とうとしているようにしか見えません。

ろくに中国人と話したこともなく、一緒に仕事をしたこともない日本人が、そんな嫌中本を読んで、勝手に一方的な妄想で中国人を一括りに見ているのでしょうか。

本書を読めば、日本に来た中国人が決して中国人であることに拘ったりせずに、日本の会社で働いたり、起業して日本人の顧客にどうやって気に入ってもらえるか、どうやって日本の取引先と誠実に付き合い、良い仕事ができるかを真剣に考えて、実行してきた姿を知ることができます。そして彼らが異国である日本という国を愛していることも伝わってきます。日本人も中国人も同じ人間であり、国家や民族を超えて分かり合えることができることも本書を読めばわかると思います。お互い真剣に、誠心誠意働くことに国境はないのです。仕事を通じてしか分からない、人間性があり、相互理解の入り口がそこにあると思います。

私は長年、出版を通じて、本を通じて、中国や韓国をはじめとする東アジアの国々とのつながりを築くことができたらと思ってきました。出版人としての一つの大きな夢と目標でもありました。その第一歩を本書によって踏み出せるような気がします。

本書が日中の懸け橋の一助になることを願ってやみません。

そして最後に、本書を小社から刊行することが出来たことが本当に嬉しいです。著者の趙海成先生と翻訳者の小林さゆりさんには、常に迅速に対応していただき、その仕事への熱意と質の高さにはいつも驚かされ、学ぶことが多く、感謝してもしきれません。かたや私の作業は、いつも遅れ気味で、なかなか本が出せずにヤキモキさせたかもしれません。深くお詫び申し上げます。

あとがきにかえて

そして、小社と、著者の趙海成先生と翻訳者の小林さゆりさんとをつないでくれた本書刊行の影の功労者の田中克明さんに、この場を借りて厚く御礼申し上げます。田中さんとは、もうかれこれ七年以上の付き合いになりますが、出会った頃に私が「中国にすごく興味があって中国に関係する本を出したい」と言ったことをずっと気にかけてくださり、今までいくつも中国関係の企画を提案いただきましたが、様々な理由でなかなか刊行までには至らなかったのですが、ついに本書で長年の思いが結実できて、田中さんのお気持ちにもやっと応えることができたことが、私に取っては実は何よりも嬉しかったことだったりします。

最後までお読みいただきありがとうございました。本書が、読者の皆様の心に、もし何か一歩を踏み出すきっかけを与えられたら、出版人として、これ以上の喜びはございません。

本書を、どんな困難な時代にあっても諦めず、希望を胸に、未来を信じて挑戦しようとする日中の人達に捧げたいと思います。

二〇二一年三月　東京・飯田橋にて

発行人・春日俊一

【著者紹介】
趙 海成（チャオ・ハイチェン）
1955年、中国・北京出身。82年に北京対外貿易学院（現在の対外経済貿易大学）日本語学科を卒業。85年に来日し、日本大学芸術学部でテレビ（理論）を専攻。88年には初の在日中国人向け中国語新聞『留学生新聞』の創刊に携わり、初代編集長を10年間務める。95年、10カ国の在日外国人向け外国語媒体を束ねる「外国人情報誌連合会」代表に就任。99年、中国情報を発信する日本の衛星放送事業者、大富（CCTV大富）の宣伝部長に。また同じく99年には、外国人にかかわる諸問題について都知事に意見を述べる「外国人都民会議委員」に東京都より選出される。2000年、日中合作ドキュメンタリー『シルクロード』の制作に参加。2002年に中国に帰国し、以後は日中を行き来しながらフリーのライター／カメラマンとして活躍している。著書に『在日中国人33人の それでも私たちが日本を好きな理由』（CCCメディアハウス）などがある。

【訳者紹介】
小林 さゆり（こばやし・さゆり）
フリーランスライター、翻訳者。長野県生まれ。2000年から5年間、中国・北京の人民中国雑誌社に勤めたのち、フリーランスに。北京に約13年間滞在し、2013年に帰国。中国の社会・文化事情などについて各種メディアに執筆。著書に『物語北京』（中国・五洲伝播出版社、日中英3カ国語版）、訳書に『これが日本人だ！』（バジリコ）、『在日中国人33人の それでも私たちが日本を好きな理由』（CCCメディアハウス） などがある。

私《わたし》たちはこうしてゼロから挑戦《ちょうせん》した
在日中国人《ざいにちちゅうごくじん》14人《にん》の成功物語《せいこうものがたり》

発行日　2021年4月26日 初版第1刷

著　者　趙海成
訳　者　小林さゆり
発行人　春日俊一
発行所　株式会社アルファベータブックス
〒102-0072 東京都千代田区飯田橋2-14-5
Tel 03-3239-1850 Fax 03-3239-1851
website https://alphabetabooks.com
e-mail alpha-beta@ab-books.co.jp
協　力　田中克明
印刷・製本　中央精版印刷株式会社
ブックデザイン　アンシークデザイン
DTP　春日友美

Printed in Japan
ISBN 978-4-86598-088-2　C0034